Vincent van Gogh

Vida y obra

Uwe M. Schneede

Vincent van Gogh

Vida y obra

Alianza editorial
El libro de bolsillo

Título original: *Vincent van Gogh: Leben und Werk*
Traducción de José Luis Gil Aristu

Diseño de colección: Estudio de Manuel Estrada con la colaboración de Roberto Turégano y Lynda Bozarth
Diseño de cubierta: Manuel Estrada
Ilustración de cubierta: Van Gogh: *El dormitorio del pintor en Arlés* (detalle; 1888) Museo Van Gogh, Amsterdam © Leiva Á. de / Anaya
Selección de imagen: Laura Gómez Cuesta

Reservados todos los derechos. El contenido de esta obra está protegido por la Ley, que establece penas de prisión y/o multas, además de las correspondientes indemnizaciones por daños y perjuicios, para quienes reprodujeren, plagiaren, distribuyeren o comunicaren públicamente, en todo o en parte, una obra literaria, artística o científica, o su transformación, interpretación o ejecución artística fijada en cualquier tipo de soporte o comunicada a través de cualquier medio, sin la preceptiva autorización.

© Verlag C. H. Beck oHG. München, 2003
© de la traducción: José Luis Gil Aristu, 2012
© Alianza Editorial, S. A., Madrid, 2012
   Calle Juan Ignacio Luca de Tena, 15;
   28027 Madrid; teléfono 91 393 88 88
   www.alianzaeditorial.es

ISBN: 978-84-206-6988-5
Depósito legal: M. 6.675-2012
Printed in Spain

Si quiere recibir información periódica sobre las novedades de Alianza Editorial, envíe un correo electrónico a la dirección: alianzaeditorial@anaya.es

Índice

9   Los primeros tiempos en Holanda
9   Misionero entre los trabajadores
12 «La patria de las imágenes»
15 Desviaciones tempranas
18 «Melancolía activa»
22 La Haya: «Mi carrera comienza con la pintura»
28 Contra la moral conformista
33 «El color de una buena patata polvorienta»
36 Más verdadero que la realidad

40 París, 1886-1888
40 El mundo del arte...
46 ... y el mundo de los artistas
49 La ciudad y los contrastes complementarios
53 Autorretratos
56 El sur como utopía

59 Arlés, 1888-1889
59 En la periferia
62 Perspectiva simbólica
64 El culto al sol
65 El «tono amarillo intenso»
68 El «cuadro tosco»
72 El taller del sur

- 75 Preparativos para una amistad entre artistas
- 81 *Décoration:* la «expresión dolorida de nuestra época»
- 85 Gauguin en Arlés: momento estelar y crisis
- 92 Tras la ruptura
- 98 Un arte futuro
- 100 Internamiento

103 Saint-Rémy 1889-1890
- 103 Conflictos con la sociedad
- 109 Los «sentimientos modernos»
- 115 Parábola de la naturaleza y autobiografía
- 119 Psicogramas

128 Auvers-sur-Oise, 1890
- 128 Un retrato de la melancolía
- 130 El supuesto ciclo de Auvers
- 136 El arte como antídoto

140 El reconocimiento gradual, 1900-1914

- 145 Datos biográficos
- 148 Cronología
- 151 Bibliografía
- 154 Créditos de las fotografías
- 155 Índice analítico

Los primeros tiempos en Holanda

Misionero entre los trabajadores

El arte no le vino de la cuna. Sus primeros dibujos conocidos, completamente infantiles todavía, no los realizó hasta una edad en que otros terminan ya sus estudios de arte. Los trabajos tempranos de Vincent van Gogh contradicen todos los tópicos acerca del talento prematuro y el genio sensacional conocidos desde siempre por la historia del arte y las leyendas sobre artistas. En un plazo de catorce años experimentó una evolución al principio muy lenta y esforzada, y al final, extremadamente rápida, que va desde los primeros intentos torpes hasta una pasmosa renovación del lenguaje de la imagen. Su obra principal surgió en tres breves años, de 1888 a 1890.

Tendría que haber sido marchante de arte siguiendo el ejemplo de tres tíos suyos. A los dieciséis años, Vincent van Gogh –nacido en 1853 en la localidad rural holandesa de Zundert, al sur de Breda, cerca de la frontera con Bélgica, e hijo de un párroco de la Iglesia reformada– entró por deseo de su familia en el comercio del arte. Primero marchó durante cuatro años a La Haya, después estuvo un año a Londres y finalmente llegó a París, siempre en sucursales de la casa de arte Goupil & Cía. Su hermano Theo, cuatro años más joven que él, entró también en la casa Goupil, especializada en la producción y distribución de grabados de obras de maestros antiguos, así como en pintura de salón contemporánea. La empresa había conocido el éxito desde la década de 1860 y se había expandido a otros países: además de la central de París, tenía filiales no sólo en La Haya y Londres, sino también en Bruselas, Berlín y Nueva York.

Después de seis años de actividad, Van Gogh se hartó de servir a un gusto monótono y convencional; sin embargo, las experiencias vividas en el comercio del arte debieron de serle útiles más tarde, cuando comenzó a reflexionar sobre la industria artística en la época moderna. A los veintitrés años, tras haber leído un anuncio, marchó a Ramsgate, en el condado inglés de Kent, como maestro auxiliar sin sueldo. Allí, con un contrato temporal, enseñó francés, cálculo y dictado. Lo que le impulsaba era un profundo celo religioso. En junio de 1876 escribió desde Inglaterra: «Si me viese obligado a encontrar algo, sería probablemente un puesto parecido al de un predicador y misionero entre los obreros de los suburbios londinenses» (69). Durante un tiempo fue, efectivamente, ayudante de predicador en Isleworth, cerca de Londres. Sus cartas escritas durante esa fase a su hermano Theo –su correspondencia con él había comenzado en 1872, durante los primeros tiempos en La Haya– se leen como sermones, como citas de la Biblia y comentarios exegéticos.

La familia decidió, no obstante, que Vincent debía trabajar en adelante en una librería de la ciudad holandesa de Dordrecht. Según informó más tarde el hijo del librero, Van Gogh estaba ocupado constantemente con la Biblia y, por lo demás, «era un joven sin ningún atractivo», «con aquellos ojillos entrecerrados y, en el fondo, siempre un poco huraño» (Cartas, 6, 192).

Como no cesaba de soñar con dedicarse a la evangelización, su familia hizo planes para que cursara la carrera de teología en Amsterdam. Mientras estudiaba de manera sistemática y con dificultades para el examen de admisión, trazaba «de vez en cuando algún pequeño dibujo de manera completamente automática», por ejemplo de temas bíblicos o para mostrar gráficamente a su hermano alguna situación vivida por él; «no se trata de nada especial, pero a veces lo veo todo ante mis ojos con gran claridad» (101). Cuando la preparación de los estudios le resultaba fastidiosa, la dejaba de lado y acudía a una escuela para misioneros de Bruselas, donde las dotes prácticas estaban más solicitadas que la erudición. «Me preocupa mucho –escribía su madre– que, vaya donde vaya y emprenda lo que emprenda, Vincent lo deje todo siempre y en cualquier circunstancia por ser tan raro y tener unas ideas y unas opiniones tan extrañas acerca de la vida» (Hammacher, 38).

Al parecer, incapaz de hacer carrera en sentido burgués, Van Gogh se distanció de la familia debido a su manera de pensar y de actuar, excesivamente consecuente. Cuando se quieren demasiadas cosas, le amonestó su padre, se cae muy bajo. Pero Vincent quería lo más alto. «Lo que necesitamos es nada menos que lo infinito y lo maravilloso –escribía ya cuando todavía no pensaba en llegar a ser artista–, y el ser humano hace bien en no contentarse con algo menor que eso y no sentirse a salvo hasta haberlo alcanzado» (121). El conflicto inminente, un conflicto peligroso, se halla ya a la vista. Y es que aquel hijo quería absolutamente «todo», repetía su padre reiterando el miedo pequeñoburgués a lo elevado, un miedo que anhela acomodarse en lo pequeño.

En Bruselas, Van Gogh tomó la decisión de marchar al Borinage, la cuenca minera del carbón en el sur de Bélgica. Le atraía la pobreza de quienes trabajaban en las galerías; pensaba en la sentencia bíblica según la cual sólo se llega a la luz a través de la oscuridad. Un libro de geografía le había mostrado el Borinage como algo idílico. Hoy, la extracción de carbón se ha paralizado; las torres de las minas han sido desmontadas, la naturaleza ha recuperado las escombreras que caracterizaban aquel paisaje, pero todavía reina allí la sensación de una pobreza desoladora. En Wasmes y en Cuesmes, pequeñas localidades mineras cercanas a Mons, Van Gogh enseñó la Biblia en las viviendas de los obreros, visitó a los enfermos y habló en los locales de las asambleas.

«La patria de las imágenes»

En una carta de octubre de 1879, Van Gogh –que en aquel momento tenía veintiséis años y seguía siendo profesionalmente un fracasado– expresó por primera vez su sentimiento de ser un paria:

> Si llegase a notar de veras que constituyo un impedimento o una carga para ti o para los de casa, que no sirvo para nada, si me viese obligado a sentirme continuamente ante vosotros como un intruso o como alguien que está de sobra, hasta el punto de ser mejor que no existiese..., cuando me encuentro así me embarga un sentimiento de tristeza y tengo que luchar contra la desesperación (132).

Otra carta enviada desde el Borinage retoma los mismos pensamientos. La carta es de gran importancia para el futuro Van Gogh, tanto en lo que respecta a la idea que se hace de sí mismo en su entorno inmediato como a su relación con el mundo de las imágenes. Para empezar, en este escrito de 1880 se define a sí mismo poniendo de relieve lo peculiar de su carácter:

> Soy un hombre apasionado dispuesto e inclinado a hacer cosas más o menos insensatas que en ocasiones lamento hasta cierto punto. Me suele suceder que hablo y actúo un poco deprisa, cuando sería mejor esperar con más paciencia.

Luego se pregunta:

> ¿Debo considerarme una persona peligrosa que no vale para nada? No lo creo. Se trata más bien de intentar por todos los medios sacar provecho precisamente de ese apasionamiento;

y a continuación viene la frase decisiva:

Cuando me hallaba en otro entorno, en un entorno de cuadros y obras de arte, se apoderaba de mí... una pasión violenta que tendía a la euforia. No lamento ese estado, y ahora, *lejos de la patria, siento a menudo nostalgia por la patria de las imágenes* (133).

En este pasaje habla por primera vez del arte como posibilidad de vida. La patria que no le ofrecía ya la familia la encontró en las imágenes. La «patria de las imágenes» fue para Van Gogh el mundo del arte tal como lo había vivido en la casa Goupil: las obras de arte, los artistas, las exposiciones. En el Borinage, todo aquello era lejano, incluidos los museos, por lo que se dijo que la patria de las imágenes se hallaba en todas partes gracias a las técnicas de reproducción. Aquel mundo estaba poblado por artistas a quienes apreciaba –Rembrandt, Delacroix o Millet–, pero cuyas obras no había visto todavía en el original. Goupil hacía grandes negocios con reproducciones de cuadros de cualquier época y estilo. El propio Van Gogh se hizo con una amplia colección de reproducciones que representaban para él el valor de los originales, a pesar de que el blanco y negro y los trazos uniformes del grafismo aplanaban las peculiaridades pictóricas y la diversidad de jerarquías.

Este «museo imaginario» marcó su imagen del mundo. Asombra la frecuencia con que alude Van Gogh a alguna obra de arte ante un fenómeno de la realidad. Veía la realidad a través de las imágenes; más aún, la percibía como una plasmación del arte. Una cañada era como la de un cuadro de Durero; un paisaje holandés se parecía a «Corot o Van Goyen»; el intento de suicidio de una amiga le parecía sacado de la novela *Madame Bovary* de Flaubert.

Todas sus experiencias, tanto en el arte como en la realidad, las obtenía de la «patria de las imágenes». De ellas extraía su confianza y su fuerza para todos los problemas cotidianos; más en concreto: de ellas extrajo sus motivos y temas cuando comenzó a multiplicar sus dibujos. De momento, en el Borinage, se trasladó a aquel universo de imágenes: el estudio de libros y reproducciones fue el periodo de aprendizaje que le permitió tomar por fin la decisión de ser artista.

Desviaciones tempranas

En la citada carta de julio de 1880 enviada desde el Borinage, Van Gogh continúa diciendo:

> Ahora bien, una persona que ahonda en todo suscita a veces rechazo, viola en cierta medida las formas y costumbres y las convenciones sociales.

Y en otro pasaje comenta que si sus padres lo viesen con un libro de Victor Hugo en las manos, pensarían de inmediato en

> incendiarios y asesinos y en «inmoralidad» [...] Saldrían con la historia de un abuelo que se dejó dominar por las ideas francesas y se dio a la bebida, y sugerirían que a mí me iba a ocurrir lo mismo (159).

Este pasaje parece de una importancia especial, pues hunde sus raíces en el conflicto de principios entre el artista individual y su entorno, desencadenado en los comienzos de la modernidad. El mundo de las nuevas imágenes e ideas encierra un potencial que parece contradecir fundamentalmente el de las costumbres y las convenciones.

Eso mismo se puede decir del atuendo de Van Gogh, una cuestión que siempre le preocupó. La culpa de que descuidara su apariencia externa era achacable, según él, a la falta de dinero, pero también a un «profundo desánimo»; y añadía: «A veces es un buen medio para garantizarse la necesaria soledad, para engolfarse todavía más en cualquier cosa que le preocupe a uno» (133). Por un lado, la burguesía lo marginaba, pues no se vestía como había que hacerlo –llevaba prendas dejadas por sus parientes, que a menudo no le sentaban bien, pero eso no tenía nada que ver con cierta bohemia que se apartaba de la burguesía con una desenvoltura deliberada–; por otro, veía en todo ello una posibilidad de indicar a los demás que se segregaba porque vivía sumergido en unos pensamientos que sólo podían darse en la soledad y lejos de los convencionalismos.

Las personas ajenas a él descubrían no obstante en todo aquello un signo de singularidad, de amenaza a las costumbres y la decencia, de inestabilidad interior. En la carta de Bruselas de 1880, citada en varias ocasiones, dice:

> Uno de los motivos de que me encuentre sin trabajo, de que durante años haya estado así, es, sencillamente, el hecho de tener unas opiniones distintas de las de los señores que dan esos puestos a individuos que piensan como ellos. En este

caso no se trata sólo de mi aspecto externo, como se me ha reprochado hipócritamente; se trata de cosas más serias, te lo aseguro (133).

Las experiencias comunicadas aquí por aquel Van Gogh con veintisiete años y extraídas de su familia, de su periodo de predicador de los pobres y del mundo de las imágenes, las experiencias de la incompatibilidad entre las presiones burguesas para adaptarse y su independencia personal son las causas de su posterior destino, así como la condición de sus creaciones artísticas, tanto más radicales:

> No pertenecemos a la generación de papá, mamá y tío S.; debemos atenernos más a la modernidad que a lo antiguo. Volver la vista a lo antiguo es fatal... Debemos continuar nuestro camino, incluso contra la voluntad de todos ellos (160).

En las décadas de 1880 y 1890, aquellas experiencias no fueron vividas sólo por Van Gogh, sino que las compartieron también artistas como James Ensor en Bélgica, Edvard Munch en Noruega, o Paul Gauguin y Paul Cézanne en Francia. La conciencia de ruptura se convirtió en elemento constitutivo de la modernidad. El abismo entre la sociedad y el nuevo arte se abrió porque la burguesía se aferró a ciertas normas morales para asegurarse su identidad, mientras que el artista individual reivindicaba precisamente el derecho a hacer saltar esas normas por los aires. Y, en definitiva, cuanto más se obstinaban los artistas en ese derecho y cuanto mayor era el rigor con que asumían un riesgo para su propia existencia al actuar así, tanto más se alejaban del deseo de la burguesía de mantener las cosas como estaban.

«Melancolía activa»

Durante la fase en que fue autónomo e independiente, Van Gogh vivió solo, desterrado en la provincia, sin compañeros que pensaran como él, sin el amparo de la bohemia de una gran ciudad. En el mismo mes de julio de 1880 anotó una frase cuyo contenido iba a permanecer vigente los diez años restantes, hasta su suicidio:

> En vez de dejarme llevar a la desesperación, he optado por la melancolía activa... o, por decirlo con otras palabras, he preferido la melancolía que espera, aspira y busca a otra que desespera apesadumbrada e inactiva (133).

El concepto de «melancolía activa» parece paradójico. Sin embargo, ni los girasoles ni la representación de paisajes radiantes podrán comprenderse más tarde si no se tienen en cuenta estos pensamientos básicos. Esa clase de imágenes no llegan al mundo desde una actitud alegre y desenfadada, sino desde la añoranza por los rayos del sol y los cielos serenos; provienen de la melancolía que parte en busca de algo y conduce a la actividad, de una melancolía que es el resultado de una ruptura con el mundo.

La actividad artística será, por un lado, el intento de hacer visible esta ruptura, y, por otro, el de superarla a partir del mundo de las imágenes. Por tanto, en esa época, Van Gogh formuló como su auténtico objetivo el de la búsqueda: «Si no hago nada, si no trabajo, si dejo de buscar, estaré perdido. ¡Ay de mí en ese caso!» (133). Con estas palabras formula de manera ejemplar el motivo de la constante presión de renovación propia de la modernidad.

La reflexión sobre la melancolía activa estuvo acompañada por la decisión de hacerse artista. Después de haber fracasado profesionalmente en varias ocasiones, Vincent van Gogh tenía ya veintisiete años cuando llegó definitivamente al arte tras haberse alcanzado la certeza respecto al mundo de las imágenes. No podemos pasar por alto el impulso caritativo: según había hecho hasta entonces como predicador, Van Gogh quiso entregarse ahora, en cuanto artista, a los miembros menospreciados de la sociedad, con cuyo destino se identificaba en calidad de rechazado. Como carecía de cualquier herramienta profesional, comenzó a dibujar de manera sistemática inspirándose en la naturaleza y en reproducciones. En octubre de 1880 marchó por fin a Bruselas, donde estudió libros de perspectiva y anatomía.

Allí surgieron los primeros dibujos independientes. Hablan de la dureza del trabajo. El tipo de dibujo imita el trazo gráfico de aquellas reproducciones populares que constituían por entonces la «patria de las imágenes» de Van Gogh, quien apreciaba sobre todo las ilustraciones de la revista inglesa *Graphic:*

> por su sobriedad como de lunes por la mañana, por su objetividad intencionada, su prosa y su análisis –es decir, algo sólido, eficiente, algo en lo que poder sostenerse en esos días en que uno se siente hecho polvo.

Y mientras se entregaba con devoción a la lectura, añadió: «Eso ocurre también con Balzac y Zola entre los escritores franceses» (237).

En esta primera fase, Van Gogh partió de los contenidos; buscaba una «estremecedora fidelidad a la verdad» en cuestiones sociales. El tipo de dibujo debía ilustrar la mísera realidad, y nada más. Cuando envió el dibujo de un segador a Anthon Rappard, un pintor amigo, éste le escribió diciendo que aquello no era un hombre en trance de segar, sino un hombre que posaba como segador. Van Gogh aceptó la dura crítica: «En uno o dos años habré llegado lo bastante lejos como para realizar un segador que siegue» (R 2).

Cuando hablaba de sus modelos en aquellas fechas mencionaba a artistas como Paul Gavarni, Honoré Daumier o Gustav Doré, pero, sobre todo, a muchos olvidados hoy en día. No obstante, la crítica de aquellos precursores a la sociedad le interesaba menos que su compasión social. Aparte de algunas excepciones, quienes más atraían su atención eran los vacilantes, y no los radicales. Esto podría deberse, por un lado, a que, en el mejor de los casos, sólo conocía de oídas obras como las de Courbet o Manet –que no aparecen en el mundo de su colección de reproducciones–, y por otro, muy probablemente, a que, en aquella búsqueda suya iniciada en esos momentos, necesitaba ante todo lo «sólido» y «eficaz».

Sin embargo, no tardó en insinuarse una nueva cualidad. En el dibujo a pluma *Camino con sauces,* del año 1881 (figura 1), los troncos de los árboles aparecen caracterizados con trazos de pluma cortos y, en parte, grue-

1. *Camino con sauces,* boceto en una carta, octubre de 1881. Museo Van Gogh, Amsterdam.

sos; y las ramas, con líneas que transmiten movimiento y vibración. No hay ya un desarrollo de temas a partir de la descripción de lo objetivo sino, más bien, una comprobación de las posibilidades de la pluma en la reproducción estructural de los objetos.

La Haya: «Mi carrera comienza con la pintura»

En el invierno de 1881, Van Gogh marchó a La Haya. En su última carta enviada desde Etten, junto a Breda, donde había encontrado entretanto alojamiento en casa de sus padres, escribió a su hermano Theo diciéndole que quería comenzar a pintar, «pues mi carrera, Theo, comienza con la pintura. ¿No te parece también cierto verlo así?». Y como si se persuadiera a sí mismo:

> En cualquier caso, siento que tengo mano de pintor, y estoy muy contento de disponer en mi cuerpo de un instrumento así, aunque todavía sea poco hábil (156).

La Haya era la ciudad grande más próxima, y ésa fue la única razón para elegirla. Pero lo que atraía sobre todo a Van Gogh era el hecho de que la Escuela de La Haya se había constituido allí desde mediados de la década de 1870 como centro de la pintura holandesa contemporánea. Artistas como Josef Israëls, Anton Mauve, con quien Van Gogh estaba emparentado y en cuyo taller trabajó entonces provisionalmente, Jacob Maris y Johannes Bosboom, todos ellos una o dos generaciones mayores que él, cultivaban, siguiendo la tradición de la pintura neerlandesa del siglo XVII y tras la estela de la escuela de Barbizon, una pintura paisajista y costumbrista de carácter regional que representaba a la gente sencilla con tonos oscuros y terrosos. Jean-François Millet, que trabajaba también en Barbizon, había sido ya anteriormente uno de los modelos de Van Gogh.

Van Gogh se encontraba ahora por primera vez en el mundo del arte y los artistas. Su interés por las especiales posibilidades de los medios de la pintura y el dibujo creció con rapidez. En marzo de 1882 recibió la visita de un tío suyo, el marchante Cornelis Marinus, que le compró algunos dibujos de vistas de La Haya, entre ellos *El barrio judío de La Haya: Paddemoes,* un dibujo a pluma recién terminado, bastante sombrío, en el que la escena estaba definida en profundidad, espacio y materialidad por variaciones de líneas paralelas de distintos grosores. Marinus le encargó otras doce vistas, que Van Gogh terminó en las dos semanas siguientes, entre ellas el *Gasómetro* y la *Fábrica en La Haya*. Su único sueño era realizar cada día una de aquellas vistas para venderla y ganarse la vida por sí mismo.

La lámina del gasómetro, en particular, remite ya a la organización representativa de paisajes posteriores, en concreto en la zona de los planos primero y medio, que da la sensación de estar plegada y abombada y que queda recogida en el fondo por una edificación desplazada según la perspectiva. La Haya, residencia de la nobleza y de funcionarios coloniales jubilados, era una ciudad pequeña y elegante. Van Gogh no mostró en sus trabajos ni sus monumentos representativos ni su centro histórico, sino desoladas zonas marginales caracterizadas por edificios industriales. Parece como si la profunda transformación que llevó a la industrialización y la modernidad se hubiese convertido en tema con aquellos parajes solitarios de los primeros planos y con los vestigios de la naturaleza (matorrales y cuervos).

A veces deseaba una mayor «destreza» para alcanzar el éxito, escribía Van Gogh en aquel tiempo,

> pero, si reflexiono sobre ello, me digo: no, prefiero ser yo mismo y contar, en cambio, cosas verdaderas con pinceladas toscas y severas. No voy a ir detrás de coleccionistas y marchantes; el que tenga ganas, que acuda a mí (180).

Sin embargo, nunca pudo prescindir del apoyo de su hermano.

En el mismo año de 1882, Van Gogh creó dos versiones de una mujer desnuda sedente y encorvada que tituló con la palabra *Sorrow* y sobre la cual escribió que era, en su opinión, «la mejor figura que he dibujado hasta ahora» (186). A una versión realizada a modo de cuadro (figura 2) le siguió otra más escueta, sin rayados ni sombreado; la concepción de la figura es dura y angulosa. Según la leyenda adjunta, lo que se pretende representar es más que un desnudo, a saber, la personificación de la tristeza y el sufrimiento. Desde el punto de vista iconográfico, Van Gogh enlaza aquí con las representaciones de la melancolía (conocía la famosa versión de Durero).

En abril de 1882 envió a Theo un dibujo con unas raíces de árbol en un suelo de arena y unas ramas huesudas que llenaban la imagen. El dibujo iba acompañado por un comentario que sería revelador para todos los paisa-

2. *Sorrow,* lápiz, La Haya, abril de 1882. Walsall Museum and Art Gallery, Wallsall (Inglaterra).

jes posteriores: «He intentado poner en el paisaje el mismo sentimiento que en la figura» (se refería a *Sorrow)*. La figura y el árbol se parecen, pues, en que ambos contienen una expresión de sentimiento marcadamente subjetivo. Y precisaba:

> Arraigar con firmeza en la tierra de manera convulsa y apasionada, por así decirlo, y, no obstante, verse medio arrancado de ella por las tormentas. En esta figura femenina blanca y delgada he querido expresar, lo mismo que en las raíces negras y nudosas con sus abultamientos, algo sobre la lucha de la vida (195).

Las dos láminas tienen sentido simbólico; ambas son al mismo tiempo, independientemente de su tema, comunicaciones sobre la situación y el sentimiento de su autor: autorretratos. No tienen que expresar «nada sentimental y nostálgico», sino anunciar un «dolor serio» y, por tanto, *«conmover y emocionar* a algunas personas» (218).

En sentido formal, los dibujos son categóricos y autónomos. En vez de describir, se resume. Las posibilidades de la tiza se utilizan para dar fondo al cuadro: su nitidez se emplea para los contornos; su blandura, para los fondos oscuros; su difuminado, para las modulaciones de paisaje y cielo. Pero Van Gogh escribe también al respecto una frase cargada de sentido: «Quiero [...] que la belleza que haya en ello no llegue a través de mi material sino a través de mí» (195). Van Gogh rechazaba el refinamiento técnico para contribuir a que el tema se expresase de manera más directa con los medios del dibujo recurriendo a un tratamiento más tosco. Calificaba de poco complacientes y desnudos los trabajos como el estudio del árbol. Lo que vemos ahora ha dejado de ser incapacidad para convertirse cada vez más en una concepción. Sospechamos ya la idea del «cuadro áspero» que formulará en Arlés, y con ella el principio de la resistencia desarrollado en la modernidad.

Gracias a una ayuda económica de Theo, Van Gogh pudo permitirse comprar por primera vez una caja de pinturas para trabajar al aire libre; y comenzó a pintar. Con aquel motivo dijo que daba un gran valor a disponer de unos buenos utensilios, y que su taller debería caracterizarse, «prescindiendo de antigüedades, tapices y drapeados», por «los estudios que colgasen de las paredes y por un buen instrumental de trabajo» (222). Entre esos «estudios» había reproducciones de obras de Rembrandt, Ruisdael y Millet. También consideraba importante una buena iluminación; el ambiente debía ser luminoso y claro.

El taller no era para él un escaparate ni un lugar para exhibirse, según lo habitual en la segunda mitad del siglo XIX –pensemos tan sólo en los centros representativos de culto de personas como Makart, en Viena, o Lenbach, en Múnich–, sino un lugar de trabajo, funcional, orientado totalmente a la actividad creativa, un lugar de contemplación, caracterizado por el mundo de las imágenes: un taller de la modernidad.

En aquel momento, Van Gogh no había visto todavía ningún cuadro impresionista en su versión original, y los encantos superficiales del impresionismo no le preocuparán tampoco nunca. Lo que desarrolló en La Haya, anclado todavía totalmente en las tradiciones, fue la plasmación sensitiva, subjetiva y rápida de sentimientos experimentados ante la naturaleza, para los que intentaba conseguir una correspondencia mediante el color y la aplicación de la pintura. Cuando, para atrapar una sensación natural rápidamente cambiante, aplicaba el pigmento sobre el lienzo exprimiéndolo directamente del tubo, se sentía contento de no haber aprendido a pintar con corrección, pues, en tal caso, habría dispuesto de técnicas y trucos que, según temía, podrían haber perjudicado la expresión inmediata.

En este sentido hablaba de «taquigrafía»:

> En mi taquigrafía puede haber palabras indescifrables, faltas o lagunas; pero algo queda de lo que dijeron el bosque, la playa o la figura humana; no es un lenguaje domesticado o convencional que haya surgido de un método de trabajo o un sistema aprendido y no de la propia naturaleza (228).

A veces, no obstante, le parecía que debía trabajar «con más osadía y atrevimiento» (B 265).

Contra la moral conformista

Van Gogh observaba que estaba haciendo progresos en su arte, pero una desavenencia con la familia le hizo retroceder. En La Haya había recogido en su casa a una prostituta y su hijo. Lo hizo, evidentemente, con plena conciencia, como alguien que siente unos vínculos y unas obligaciones más fuertes con los proscritos que con la burguesía. La moral burguesa le resultaba fría y mentirosa, mientras que en Christine Clasina Maria Hoornik creía encontrar lo que denominaba el «calor de la vida». Su renuncia efectiva a las normas de las buenas costumbres y su profesión de marginalidad hicieron que su familia reaccionara con una violencia tanto mayor. Vincent van Gogh tenía veintinueve años cuando, en 1882, su padre intentó internarlo en un sanatorio mental sin que el estado de salud de su hijo hubiese dado ningún motivo para ello.

Van Gogh, tan sensible como inseguro, consultó profundamente afectado libros de leyes a fin de cerciorarse de sus derechos, pero sabía también que la gente recurría a la incapacitación para «quitarse de en medio a las personas consideradas «incómodas» o «desagradables». En una carta a Theo escrita en julio de 1882 analizó su situación de manera exacta y, posiblemente, acertada:

A menudo soy horrible, además de melancólico y susceptible de una manera molesta; añoro la compasión con una especie de hambre y sed, y cuando no la encuentro me muestro indiferente y mordaz y yo mismo echo leña al fuego.

Según él, no le gustaba la vida social y solía resultarle penoso el trato con la gente.

Pero, ¿sabes de dónde me viene eso [...]? Sencillamente de mi nerviosismo; lo contraje debido a mi excesiva sensibilidad, tanto corporal como anímica, durante los años en que las cosas me fueron de un modo tan lamentable: [...] las noches pasadas en la fría calle o a la intemperie, el miedo a no ganarme

3. *Cocina de caridad,* tiza, La Haya, primavera de 1883. Museo Van Gogh, Amsterdam.

la vida, una tensión constante, pues me hallaba en realidad sin trabajo, el fastidio que me provocaban los amigos y la familia..., todo eso constituye, por lo menos en tres cuartas partes, la causa de algunas peculiaridades de mi temperamento, y a todo ello hay que atribuir que me vea afectado a veces por esos incómodos accesos o periodos de abatimiento (212).

Para la mayoría, era «un cero o un tipo raro, alguien que no tiene ni tendrá un lugar en la sociedad, en resumen, algo más mísero que los más miserables» (218). «Expulsado y rechazado por la sociedad», acabará viéndose como un «paria» (B 14), más cercano a las prostitutas que a los ciudadanos.

Debemos ocuparnos aquí de estas particularidades biográficas, pues, por un lado, influyen de manera individual en el artista y su obra, y, por otro, atestiguan e ilustran el origen de la ruptura del artista con la sociedad en la época moderna. El nacimiento de la modernidad literaria se ha explicado por la «rebelión contra la moral conformista del burgués» (Bürger, 1985). Lo mismo puede decirse de las artes plásticas. La relación profundamente alterada con el mundo, el subjetivismo y la renovación artística no pueden separarse de la renuncia a una moral sentida como algo anquilosado y, por tanto, falso. En la renovación estética se afirmará siempre una moral nueva –verdadera– frente a la antigua, una moral personal frente a otra basada en normas.

Van Gogh revistió sus primeras experiencias como marginado con los ropajes de una parábola. Según decía, la gente lo recibía en sus casas con tanto desagrado como a un perro grande y asilvestrado:

Entra en la habitación con las patas empapadas, y, sobre todo, ¡es tan desgreñado y grosero! Se interpone en el camino de todo el mundo. *Y sus ladridos son muy ruidosos.* En pocas palabras: es un animal sucio.

Para la gente decente, Van Gogh era un animal que se había ensuciado con su renuncia a la decencia:

No hubo modo de evitar que perdiera las buenas formas. [...] además, si algún día se volvía rabioso, el perro podía llegar a morder.

La reacción del burgués estaba clara: «En ese caso, vendrá el encargado de la perrera y lo matará de un tiro» (346). En la siguiente carta recurrió de nuevo a aquella comparación:

Me convertiré en un perro; siento que el futuro me hará, probablemente, más odioso y maleducado, y preveo que mi destino me deparará cierta *pobreza,* pero, eso sí, *seré pintor* (347).

Mientras Van Gogh iba todavía de camino desde un punto de vista artístico, comenzó ya a reflexionar sobre la situación reconocible y fundamentalmente nueva en que se hallaba en ese camino el artista autónomo de la modernidad.

De la misma manera que aprendía a dibujar y pintar con gran esfuerzo como autodidacta e iba informando a Theo sobre cada uno de sus progresos, desarrolló también paso a paso sus nuevas ideas sobre la relación entre el artista y la sociedad y supo comunicárselo igualmente a su hermano. Así pues, las cartas de Van Gogh son para esa fase histórica un testimonio singular de un lento proceso en cuyo transcurso se formó finalmente la conciencia del artista moderno a partir de una anatomía personal de los conflictos: «... pero, eso sí, *seré pintor*».

Ya en el periodo de La Haya, Van Gogh distinguió entre el arte y su actitud personal en la vida cotidiana. En la vida solía reaccionar a los ataques mostrándose contemporizador y sentimental. En el arte, en cambio, insistía en «mantenerse en su propio criterio, sin hacer caso de lo que dijesen los demás» (218); el «amor sincero a la naturaleza y el arte» era «una especie de coraza contra la opinión de la gente» (220). Van Gogh aprendió a aceptar como ineludible el papel de marginado, y a partir de ese momento argumentó aduciendo el carácter perentorio e incondicional y la desafiante autonomía del arte. No obstante, conocía la magnitud de la empresa: «El arte es una lucha; en el arte hay que dejarse la piel» (180). Siete años antes de su muerte pensaba que su cuerpo aguantaría aún de seis a ocho más, y en ese intervalo había que hacerlo todo, pues,

la esperanza en unos tiempos mejores no debe ser un sentimiento sino una acción en el momento presente (301).

«El color de una buena patata polvorienta»

Van Gogh llevaba viviendo en La Haya dos años escasos cuando, en septiembre de 1883, marchó de repente a la atrasada provincia de Drenthe, al nordeste de Amsterdam. Tenía la esperanza de que en aquella comarca, donde residían esporádicamente los pintores de la Escuela de La Haya y donde Max Liebermann había trabajado también durante un tiempo, surgiera una colonia de artistas que pudiese ofrecerle una patria. La marcha a Drenthe significó también la separación de Clasina Hoornik, acompañada de graves reproches.

Pero aquel paso fue, sobre todo, una decisión contra la ciudad y a favor del campo. Le empujaba el recuerdo nostálgico del paisaje holandés de su niñez. Así, en vez de ferrocarriles, que comenzaban a atravesar entonces el país, pintó anticuadas gabarras que navegaban por los canales tiradas por caballos. Pensaba que debía convertirse definitivamente en pintor de la vida rural, pues era capaz de oponerse con tanta decisión a la ciudad y a la urbanización. El campo y los campesinos eran para él metáforas de la renovación en una fase histórica en la que imaginaba el final de la civilización. Griselda Pollock ha demostrado que esta crítica conservadora de la cultura por parte de Van Gogh debe atribuirse a sus lecturas de la obra del escritor e historiador escocés Thomas Carlyle, fallecido unos años antes.

Los pocos meses pasados en Drenthe fueron importantes para la posterior evolución de Van Gogh, pues fue allí donde se decidió definitivamente por la pintura y puso el paisaje en el centro de su atención. Pero la soledad y la persistencia de su mala situación económica no tardaron en crearle problemas; tampoco hubo indicios de que fuera a surgir una colonia de artistas. Van Gogh se refugió, por tanto, en la rectoría paterna, en la minúscula población de Nuenen, cerca de Eindhoven; una decisión extraña y casi incomprensible, pues el conflicto fundamental que le enfrentaba a su familia era evidente desde hacía tiempo. Dicho conflicto se agudizó sin remedio, sobre todo porque, para entonces, Van Gogh se había alejado por completo de la fe en su iglesia. Sin embargo, se veía obligado a vivir con pocos gastos, y en ese momento quería hacer de la representación de la comarca de Brabante su principal proyecto.

Los numerosos paisajes, las representaciones de cabezas de personas y los cuadros de grupos se caracterizan por una tonalidad oscura generalizada que deja en un segundo plano los colores locales. La obra principal de este periodo, y a la vez el primer cuadro destacado de su obra, es *Los comedores de patatas,* del año 1885 (lámina I).

En una habitación sombría aparecen reunidos campesinos y campesinas a la luz de una lámpara para consumir una parca comida. Los colores de la carne –el encarnado– de las cabezas, cuidadosamente tratadas, que en un principio habían sido más claros, no funcionaron, según él, en el conjunto del cuadro:

> ¿Qué hice entonces?... Tomando una rápida decisión, las sobrepinté sin compasión, y el color con que aparecen ahora es, *más o menos, el de una buena patata polvorienta, pelada, por supuesto* (405).

La tonalidad oscura debe caracterizar la naturalidad de los campesinos y su vinculación con la naturaleza, y la tosquedad de la hechura es intencionada: a más de uno, comenta en una carta del 30 de abril de 1885, le gustaría ver a los campesinos como gente «encantadora»; él, en cambio, está firmemente convencido «de que, a la larga, si se los pinta en su tosquedad, el resultado será mejor que si se introduce una complacencia convencional» (404).

En este cuadro es significativo que las figuras se sitúen en un plano cercano y se conciban de una manera directa insólita para la época. La distancia estética se reduce intencionadamente al servicio de un acercamiento a las personas y sus penurias con el fin de imponérselas al observador y contemplar los personajes desde dentro y no desde fuera.

Cuando Van Gogh envió una litografía del cuadro a su amigo Anthon van Rappard, éste no le ahorró sus críticas:

> ¿Por qué has contemplado y tratado todo con idéntica superficialidad? *Ahora* están posando. ¡Qué poco verdadera es esa manecita coqueta de la mujer del fondo! ¿Y qué relación hay entre la cafetera, la mesa y la mano colocada sobre el asa? ¿Qué hace en realidad esa cafetera, que no está ni posada ni sostenida? ¿Y por qué la persona de la derecha no tiene rodillas ni vientre ni pulmones? (R 51a).

Con sus síntesis y sus deformaciones, el cuadro parece completamente malogrado si se compara con los criterios de representación convencionales. Sin embargo, lo que marca un nuevo camino son precisamente esas desviaciones.

Más verdadero que la realidad

Van Gogh estudió, desde luego, las cabezas de las personas en la realidad y realizó numerosos esbozos, pero el cuadro surgió en el taller, «de su cabeza», según escribió. No buscó el realismo, es decir, un «dibujo *exacto* y unos *colores locales*»: «Hay otras cosas aparte de eso» (402). La copia fiel es irrelevante; lo decisivo es la imaginación. Van Gogh halló confirmación para sus ideas en un maestro antiguo. La figura de un abanderado en un cuadro de soldados pintado por Pieter Codde y Frans Hals y conservado en el Rijksmuseum de Amsterdam le dejó perplejo —«me quedé literalmente clavado ante él»—, pues estaba modulado con vivacidad y de una manera refinada utilizando sólo tonos grises: «Pocas veces he visto una figura más divinamente hermosa» (426). Van Gogh llegó a la «audaz» conclusión de que «un pintor hace bien partiendo de los colores de su paleta, y no de los de la naturaleza». Para él carece de importancia que su color «sea el mismo, con una exactitud literal, con tal de que en mi cuadro funcione tan bien como en la vida». El color expresa «algo de por sí, y eso es lo que no debemos permitir que se nos escape; eso es lo que tenemos que utilizar».

Con estas palabras se formulaba la idea moderna de la autonomía de los medios representativos. Van Gogh habló también de la «nueva creación de una escala de color *paralela*» (429) y volvió a recordar que los pintores habían procurado siempre dejar claro que «un cuadro es algo distinto de la naturaleza vista en un espejo, algo diferente de la imitación; pintar un cuadro es *crear de nuevo*» (431). Van Gogh formulaba así en ese momento el notable teorema que implica una renuncia a cualquier naturalismo y define la estética de la modernidad al decir que su gran anhelo era [...] aprender a cometer esa clase de irregularidades, a incurrir en esas desviaciones, reelaboraciones y modificaciones de la realidad, para que se conviertan en mentiras, por así decirlo, aunque más verdaderas que la verdad literal (418).

Para que lo visible resulte más verdadero que la realidad hay que someterlo a una modificación que se atenga a las leyes de la representación.

Con estas reflexiones de 1885, Van Gogh es el primer pintor de la época moderna en formular la autonomía de los medios representativos y la relativa independencia de la paleta respecto de la naturaleza como principio artístico, principio vinculado habitualmente a la famosa declaración de Paul Cézanne de 1897, cuando dijo que el arte es una armonía paralela a la naturaleza. Casi por las mismas fechas que Cézanne, Paul Gauguin declaraba que es necesario «poner un verde más verde que el de la naturaleza para lograr el correspondiente a ésta. Ésa es la verdad de la mentira» (Guerin, 177).

En *Los comedores de patatas*, Van Gogh intentó plasmar lo que había aprendido, lo que había experimentado en sus lecturas, y las ideas desarrolladas hasta entonces hacia un arte futuro. Así, aunque este cuadro da testimonio de los esfuerzos requeridos para su creación, desde el punto de vista de la autobiografía de Van Gogh –y también de la historia del arte– es un resumen en el cual se encuentran ya los principios de sus obras futuras, aunque aplicados a un tema tradicional.

Autobiográficamente, la tonalidad oscura era, quizá, la expresión simbólica de una situación desesperada; pero desde el punto de vista de la teoría del arte constituye también el rechazo de aquella pintura clara atribuida equivocadamente por Van Gogh al impresionismo parisino, que hasta entonces sólo conocía de oídas. Van Gogh entendía los tonos profundos como una barrera que la veracidad arraigada en el mundo rural oponía a la pintura clara procedente de las engañosas ciudades. La pintura tosca correspondía a lo originario de lo rural, a una fuerza de la que carecían los cultivados habitantes de la ciudad. En ese sentido, *Los comedores de patatas* de Van Gogh es el cuadro programático de una vanguardia distinta, no urbana, que se comprende a sí misma como originaria. Así se explica ese juicio que hoy nos resulta sorprendente: «Para mí, el pintor realmente moderno no es Manet sino *Millet*». (355).

Los comedores de patatas es al mismo tiempo un punto final de la primera época, pues, a continuación, Van Gogh se mudará del campo a la ciudad, y, por tanto, del mundo de los campesinos al mundo del arte.

París, 1886-1888

El mundo del arte…

En noviembre de 1885, a sus treinta y tres años, nada menos, Van Gogh comenzó a estudiar arte en Amberes para recuperar el tiempo perdido. Pero muy pronto se vio con claridad que aquello no era más que un paso previo hacia su auténtica meta: París. Van Gogh se imaginó una vida en la capital del arte; se informó sobre la manera de trabajar en la escuela privada de Fernand Cormon, a la que su hermano le había aconsejado acudir, se esforzó por recobrar la salud y preparar su aspecto externo para su estancia en París y, finalmente, instó a Theo con una vehemencia creciente a que aprobara su traslado.

No hay duda de que Van Gogh seguía rechazando la vida en la gran ciudad, que le parecía superficial, y sobre todo cualquier tipo de bohemia, pero en aquel momento se impuso su fuerte deseo de sentirse animado y estimulado por el trato con otros artistas, con quienes sólo había podido soñar en las provincias holandesas pero cuya obra era muy discutida por entonces, integrarse en una actividad artística abierta a lo nuevo, aprovechar las mejores posibilidades de venta e intercambiar de vez en cuando un cuadro con algún colega; en resumen: «Vivir en el mundo de los artistas» (449). Poco después, ya desde París, Van Gogh formularía todo aquello con cautela: «Lo que aquí se puede conseguir es *progresar;* y ese progreso, sea lo que diablos sea, hay que encontrarlo en este lugar» (459a). La capital francesa le pareció entonces la mejor garantía para seguir avanzando.

París significó para Van Gogh la separación definitiva de Holanda y de sus padres –y la renuncia provisional a los temas de la vida de la gente del campo–. La fase parisina de dos años que comenzaba ahora tenía que ser, en su producción pictórica y en sus encuentros y experiencias con otros artistas, el punto de articulación de su transición artística radical de la tradición a la modernidad.

A pesar de los largos preparativos, la marcha fue repentina. En marzo de 1886, nada más llegar a París, Van Gogh envió una nota a su hermano Theo, que en ese momento trabajaba en el bulevar Monmartre, junto a la Ópera de París, como marchante para Boussod & Valadon, sucesores de Goupil. En ella le decía que estaría «en el Louvre a partir del mediodía, o incluso antes», y que lo encontraría en la sala Carré, es decir, no en la estación ni en un café, sino en aquella sala.

Van Gogh había elegido para entrar en París un lugar verdaderamente simbólico donde colgaban entonces las obras maestras del mundo: la *Virgen del canciller Rolin* de Van Eyck, el *Erasmo* de Holbein, *La Virgen y el Niño con Santa Ana,* de Leonardo, y *La Virgen de la roca* y *Mona Lisa* del mismo pintor, *La bella jardinera* de Rafael, Tiziano y Rembrandt, Rubens, Velázquez, Veronese y el programático *Autorretrato* de Poussin. El Louvre era el centro del arte mundial. Difícilmente habría podido ser mayor la diferencia con Nuenen, desprovisto de imágenes, alejado del arte; y nadie podía comenzar más alto con sus demandas al mundo artístico.

A finales del siglo XIX, París era la metrópoli por antonomasia. La industrialización, la electrificación, una urbanización espaciosa y unas nuevas técnicas de tráfico presagiaban la vida moderna. Edificios representativos de la segunda mitad del siglo para empresas de seguros, bancos y ferrocarriles y hoteles de lujo reflejaban la importancia económica de la ciudad. Con los pasajes, los grandes almacenes y los mercados públicos surgieron las primeras «catedrales del consumo» europeas. La nueva gran ciudad, tal como era encarnada por París, generó incluso –según Walter Benjamin– un nuevo tipo social: el *flâneur,* el paseante ocioso.

La Exposición Mundial de 1889, cuyo símbolo de progreso técnico fue la torre Eiffel, que se alzaba señera sobre todo su entorno, hizo plenamente de París la capital del mundo. A ello se añadió un singular proceso de renovación cultural llevado a cabo de manera especial en las artes plásticas –de Manet a Seurat–. París daba también el tono en asuntos de lujo y moda. Montmartre fue la plasmación de la *Belle Époque* con sus cabarés, sus cafés concierto, sus salas de baile, como el Moulin Rouge, los teatros de vanguardia, las revistas satíricas y el arte del cartel, representado por pintores como Jules Chéret o Toulouse-Lautrec. Fue una época de auge, de placer y de innovación.

En la segunda mitad del siglo XIX había también museos importantes y academias de fama internacional en otros lugares, pero la vida artística no era en ninguno de ellos tan variopinta como en París. Con sus grandes exposiciones, el «Salón» anual –la exposición oficial de la École des Beaux-Arts–, sus influyentes marchantes, su falange de críticos de arte y sus centros de enseñanza se había establecido allí una auténtica actividad artística, que en un primer momento se cerró, por lo demás, con violencia a aquel arte recién salido de los talleres de los modernos.

Si tras la Revolución francesa y en los años de la Segunda República, después de la Revolución de 1848, se había impuesto una cierta liberalización, expresada, por ejemplo, en el hecho de que se nombrara a artistas heterodoxos para formar parte de los jurados de las decisivas exposiciones del Salón, la ulterior Restauración volvió de nuevo a la censura. El Salón se sometió a la dirección del Estado e impuso las normas académicas. Los elogios públicos, las medallas, los premios, y en particular, las compras y los nombramientos para la Academia se asignaban a aquellos artistas que destacaban en el género de más categoría, el cuadro histórico, con su organización escenográfica convencional. Entre las estrellas mejor pagadas se hallaban pintores como Adolphe William Bouguereau, Gustave Rodolphe Boulanger, Léon Gérôme y Ernest Meissonier.

Quien no se atuviera a las normas académicas debía buscar su camino fuera de las instituciones. Y esto se aplicó en definitiva a todos los artistas que se consagraron a la búsqueda, la experimentación y el nuevo espíritu. Así, el arte joven se vio excluido por completo de las exposiciones, honores y posibilidades de venta.

Ése fue el motivo de que en 1863 se fundara con la autorización de Napoleón III el *Salon des Refusés,* en el que participaron de inmediato artistas como Cézanne, Pissarro o Manet (con el *Desayuno en la hierba)*. Sin embargo, la burguesía, que intentaba procurarse una base sólida mediante la adquisición de cultura y capital, no halló un lugar donde confirmarse en el salón de los «rechazados», sino en el tradicional. Los modernos no podían contar, por tanto, con la burguesía.

Tras el *Salon de Refusés* se fundó en 1884 el *Salon des Indépendants,* que debía garantizar por primera vez a artistas como Van Gogh la posibilidad de exponer. En la década de 1880, este escenario fue extraordinariamente importante sobre todo para la generación de jóvenes como Seurat y Signac.

Lo que atraía a Van Gogh, además de las obras maestras de la historia conservadas en el Louvre, era el mundo de esos pintores independientes y rechazados: los innovadores. Cuando llegó a la ciudad, el impresionismo había alcanzado e, incluso, superado su apogeo, pero sus artistas: Monet y Renoir, Morisot y Sisley, seguían representando un papel importante en la ciudad; Manet había muerto ya en 1883. El motivo de atención más reciente eran los cuadros y las teorías de neoimpresionistas como Georges Seurat y Paul Signac. Dos meses después de la llegada de Van Gogh se inauguró la 8.ª (y última) exposición de los impresionistas de París, una especie de epílogo. Monet, Renoir y Sisley no participaron ya en aquella muestra organizada por Camille Pissarro y Edgar Degas, pero en cambio estuvieron presentes –además de los dos organizadores– Paul Gauguin, de treinta y ocho años, y, por primera vez, Seurat, de veintisiete, además de Signac, de sólo veintitrés.

Van Gogh pudo sumergirse de inmediato en aquel nuevo arte del que hasta entonces sólo había tenido noticia de oídas. En la galería Georges Petit se podían ver nuevos trabajos de Claude Monet y Auguste Renoir, y el verano de aquel año de 1882 se organizó el segundo *Salon des Indépendants;* en él participó Odilon Redon, y Seurat presentó –una vez más, como ya lo había hecho en la 8.ª exposición de los impresionistas– su obra principal: *La Grande Jatte;* Henri Rouseau, el aduanero pintor, compareció en público por primera vez.

Van Gogh pudo conocer obras de todos ellos en sus primeros meses parisinos. Hasta su llegada a París, había considerado que artistas como Camille Corot, Charles-François Daubigny y Jean-François Millet –los precursores del impresionismo– eran la culminación de la modernidad, y había sentido aprecio por la Escuela de La Haya. Al ver los primeros cuadros impresionistas, los encontró «descuidados, feos, mal pintados, mal dibujados, malos de color; todo lo repulsivo que se puede ser» (W 4), sobre todo por comparación con la eficiente calidad artesanal de la *Haagse School.* Sin embargo, su juicio no tardó en cambiar:

En Amberes yo no sabía siquiera quiénes eran los impresionistas; ahora los he visto y, aunque no pertenezco a su club, he admirado mucho algunos de sus cuadros: el desnudo de Degas, el paisaje de Claude Monet (459a).

... y el mundo de los artistas

Van Gogh se movía ahora no sólo en el mundo del arte sino también en el de los artistas. A ello le ayudó su hermano Theo, en cuyo domicilio –en la calle Laval– encontró alojamiento hasta que se mudaron a una vivienda más espaciosa en la calle Lepic, también en Montmartre. Montmartre estaba a punto de dejar de ser un pueblo para convertirse en distrito urbano. Los antiguos molinos se transformaron en lugares de excursión y locales de baile; el molino del Moulin Rouge se construyó en ese momento como decorado. Y Montmartre era ya desde hacía tiempo el lugar de los artistas: a pocos pasos de la calle Lepic, en la calle Caulaincourt, tenía su taller Toulouse-Lautrec; Signac y Seurat vivían a la vuelta de la esquina, en el bulevar de Clichy.

Mientras aprendía a dibujar con modelos en el taller de Fernand Cormon, que se hallaba igualmente en Montmartre, Van Gogh trabó amistad con Émile Bernard, unos años más joven que él, y con Louis Anquetin; allí conoció a Toulouse-Lautrec –también bastante más joven–, cuyo sarcasmo no armonizaba bien, como es evidente, con su propia sensibilidad; no obstante, Toulouse-Lautrec lo retrató por aquellas fechas. Van Gogh se encontró con Seurat, conoció a Gauguin (que al año siguiente, 1887, viajó a Panamá y la Martinica con Charles Laval), así como a Cézanne en casa del marchante Julien («Père») Tanguy, en la calle Clauzel de Montmartre, y marchó a pintar con Signac a Asnières, a orillas del Sena.

Seignac informó sobre aquella experiencia:

> Van Gogh, vestido con unos pantalones de lino azules de fontanero, tenía en las mangas de la camisa pequeñas manchas de pintura. Se había colocado muy cerca de mí y gritaba y gesticulaba, y hacía oscilar su lienzo de 30, grande y recién pintado, manchándose con colores vivos a sí mismo y a los transeúntes (Cartas 6, 272).

Donde quiera que aparecía llamaba la atención, pues era entusiasta y apasionado, pero, a menudo, también irritable, áspero e intransigente en sus opiniones. Luego volvía a mostrarse sensible y abierto: aquellas contradicciones en su comportamiento eran lo que irritaba incluso a sus compañeros artistas. Hasta la relación con su hermano fue, al parecer, tensa, al menos durante un tiempo, en la época de París.

Van Gogh trabó amistad con Camille Pissarro. Este hombre de mente crítica, observador sensible del nuevo mundo del arte, uno de los primeros que reconocieron la importancia de Gauguin y Cézanne, fue tal vez –junto con Signac– quien despertó en Van Gogh el interés por las prácticas impresionistas con el color y le explicó los principios del puntillismo. «Apenas pasa un día sin que alguien le pida que vaya a los talleres de pintores conocidos, o, si no, son ellos quienes acuden a visitarlo», informaba su hermano Theo a la madre de ambos en junio de

1886 (Welsh-Ovcharov, 19). No sabemos nada acerca de otras relaciones.

Lo que para el recién llegado del norte había sido al principio un museo imaginario de reproducciones que igualaban cualquier diferencia adquirió ahora forma concreta en el mundo del arte en exposiciones, galerías, talleres y cafés. Van Gogh se había expresado a menudo críticamente contra el comercio del arte; en Arlés proyectará otras posibilidades diferentes de las prácticas habituales. Ahora, en París, tomó la iniciativa personalmente.

En 1887, en el café Le Tambourin del bulevar de Clichy expuso probablemente trabajos propios y, en cualquier caso, grabados japoneses, que tenía en gran aprecio, al igual que otros muchos artistas, y coleccionaba con pasión. Aquel mismo año organizó así mismo una exposición con obras de sus amigos, esta vez en el Restaurant du Chalet en la avenida de Clichy; en la exposición participaron, entre otros, Anquetin, Bernard y Toulouse-Lautrec. Bernard ofrece un informe acerca de ella:

> Vincent van Gogh ha tomado la iniciativa de organizar una especie de exposición del impresionismo. La sala era colosal y tenía paredes donde podían haber hallado cabida más de mil cuadros.

El acto había recibido la visita de varios colegas artistas como Pissarro, Gauguin, Guillaumin y Seurat. Las obras de Van Gogh –entre ellas algunas recién concluidas– ocupaban el mayor espacio; eran suyos «unos cien cuadros».

El rasgo más destacado de aquellos cuadros era la intensidad de la vida, y la febril actividad de su espíritu le indujo a veces a caer en cierto apresuramiento en la realización (Cartas 6, 268).

Ni Van Gogh ni sus amigos consideraban los restaurantes y los cafés como los locales mas ventajosos para exponer obras de arte, pero los otros no se hallaban a su disposición. Lo decisivo para ellos era que de ese modo podían independizarse de las exposiciones oficiales y, sobre todo, del comercio artístico, y que tomaban sus asuntos en sus propias manos. Tampoco en esta ocasión pudo Van Gogh vender nada.

La ciudad y los contrastes complementarios

La gran variedad de la obra parisina de Van Gogh se debe también a que el pintor se abrió ampliamente a las nuevas influencias y estímulos. Con Signac y Bernard pintó localidades a orillas del Sena; y al igual que Monet, barcas de pescadores en el río; y con Signac experimentó el puntillismo. Al principio, lo que atrajo su mirada fue la propia ciudad.

Los temas urbanos son ciertamente típicos del impresionismo e, incluso, del neoimpresionismo. Pero Van Gogh no fue un seguidor de esa corriente. Si dibujaba la vista que tenía desde su taller de la calle Lepic o pintaba la terraza de un café en las proximidades de su vivienda (figura 4), no lo hacía por recurrir conscientemente a una iconografía contemporánea; tampoco se trataba de un re-

4. *Café «La Guinguette»,* lápiz, pluma y pincel, París, febrero/marzo de 1887. Museo Van Gogh, Amsterdam.

conocimiento ostentoso de la dignidad pictórica de la modernidad civilizada, como ocurría con los impresionistas. Lo que le importaba de manera mucho más personal era, en cambio, describir sus nuevas experiencias y explorar un territorio ajeno: el entorno, la ciudad, sus márgenes, los alrededores recorridos por excursionistas y ociosos. Van Gogh pretendía, desde luego, la exactitud topográfica, pero, al parecer, tenía un interés aún mayor por el tema corriente del ambiente reinante en aquellos ámbitos que, como hombre del campo, le resultaban ajenos.

En Nuenen, Van Gogh había comentado ya en 1885 que había diferentes cosas poseedoras de *grandeza* en cuanto temas: el mar con los pescadores, los campos con los labriegos, las minas y los mineros. Y añadió: *«Tam-*

bién me parecen grandes las aceras de París y los parisinos, que conocen bien su ciudad» (388a). La nueva temática, la percepción de la ciudad como antítesis de la identificación con los campesinos y lo rural, se había dado ya a conocer por aquellas fechas. Así, en las vistas urbanas de París no se habla de alienación, sino todo lo contrario: de unidad entre el ser humano y su entorno, en este caso la ciudad, siguiendo el modelo rural.

Si al principio Van Gogh había trasladado a París los tonos sombríos a los que se había acostumbrado en Holanda, el pintor no tardó en sentirse fascinado por las posibilidades de una coloración más clara y luminosa. Cuando utilizó de manera transitoria un medio neoimpresionista como la técnica de los toques de pincel, quiso comprobar, al parecer, las teorías y prácticas de sus amigos para ver hasta qué punto le resultaban útiles. Pero mientras que en el puntillismo de un pintor como Seurat todo está construido de manera estática, los cuerpos producen la impresión de ser objetos, la aplicación de los colores obedece a las leyes de la óptica y el cuadro se atiene, por tanto, a una sistemática clara, los paisajes urbanos comparables de Van Gogh, como *El puente de Asnières,* son, de manera característicamente suya, una creación de pinceladas rápidas y escasamente calculadas y de relaciones dinámicas de tensión en lo que respecta al color, la forma y la organización de la imagen.

En conjunto, Van Gogh procede de una manera decididamente más espontánea e impulsiva, por lo que, en su caso, la comprensión subjetiva del tema tiene precedencia sobre cualquier sistematicidad, que siempre le había repugnado.

No obstante, lo que aprendió Van Gogh de Pissarro, Signac y también de Seurat durante aquel periodo para el resto de su obra fue la técnica de separación de los colores y un método correspondiente: la coexistencia de los contrastes. A partir de ese momento, su pintura está determinada por los contrastes complementarios entre el naranja, el azul, el rojo y el verde. Estos colores dominan el cuadro con más fuerza que, por ejemplo, los datos concretos del momento del día y el tiempo atmosférico.

Ahí radica una diferencia decisiva con los impresionistas. Ellos partían de la observación y, seguidamente, escogían las equivalencias de colores, mientras que Van Gogh comenzaba por la paleta de colores y por una idea de los contrastes complementarios, que verificaba luego en el cuadro situándose frente a la naturaleza.

Van Gogh se había interesado teóricamente por estos problemas ya desde 1884, cuando la obra de Charles Blanc *Les Artistes de mon temps* (París, 1876) le dio a conocer la teoría de los colores de Delacroix. En París sometió a prueba su aplicación. Blanc y Delacroix le mostraron que los grandes coloristas no emplean tonos locales, y que los colores se realzan recíprocamente cuando se organizan en contrastes de máxima nitidez. En cierta ocasión comentó a un colega artista que buscaba «reproducir el contraste entre azul, naranja, rojo y verde, amarillo y violeta» para alcanzar «las contraposiciones más acusadas»:

He intentado reproducir *colores* intensos, y no una armonía gris, [pues quería] buscar la *vida* en el *color;* [por eso] luchaba por lograr la vida y el progreso en el arte (459a).

Los contrastes complementarios le ofrecían el medio de reforzar la expresión subjetiva y hacerla igualmente eficaz en cualquier tema: ciudad o campo, naturaleza muerta o autorretrato: «Lo que hoy se quiere en el arte ha de ser muy vivo, fuerte de color; sobre todo fuerte y penetrante» (W 1).

Autorretratos

Estando aún en Amberes, Van Gogh había comentado que haría bien «en no perder de vista el retrato si quiero ganar dinero», aunque no le resultaba fácil «satisfacer a la gente en la cuestión del "parecido"» (433). Por lo demás, no se podía permitir contratar modelos, y tampoco tenía encargos. Consecuencia: «[...] hoy soy un pintor paisajista, mientras que, en el fondo, mi punto fuerte es más bien el retrato» (W 4).

Así pues, lo que hizo en París y a veces, más tarde, también en Arlés fue reproducir como sustitutivo su propia imagen:

> He comprado a propósito un espejo bastante bueno –escribía en septiembre de 1888– para pintarme a mí mismo a falta de modelos, pues si consigo pintar mi propia cabeza con la coloración correcta, lo que supone ciertas dificultades, podré también pintar las de otros buenos hombres y mujeres (537).

El autorretrato le sirvió, pues, para ejercitarse en un género del que se prometía, a la larga, unos buenos ingresos.

Pero Van Gogh relacionaba con este género muchas más cosas. En una carta –escrita, no obstante, dos años después– dice que el género que más le fascina es el del retrato, «el retrato moderno». No le interesaba el parecido fotográfico, sino la «expresión apasionada». Como medio de expresión y «como medio para poner de relieve el carácter» utilizaba «nuestro conocimiento moderno del color y nuestro sentimiento moderno del mismo» (W 22).

Los retratos constituían una importante fuente de ingresos para muchos pintores de la segunda mitad del siglo XIX. El nuevo medio de la fotografía supuso para ellos la aparición de una seria competencia. Van Gogh, que en varias ocasiones diferenció expresamente sus retratos de la fotografía, se comprometió –totalmente consciente de aquel instrumento competidor– con un arte del retrato que debía equipararse al nuevo medio en un aspecto: en la expresión del nuevo espíritu, es decir, en la modernidad.

Ahora bien, el futuro retratismo pictórico debía superar a la fotografía en un punto que para él era decisivo: la interpretación subjetiva, la «expresión apasionada». La pintura paisajista había vivido su revolución a través de Corot, Daubigny, Millet y, luego, con los impresionistas. Al retrato le faltaba aún aquel nuevo comienzo. El intento forzoso de crear un retratismo moderno explica los experimentos estilísticos y técnicos característicos de los autorretratos parisinos de Van Gogh: «¡El *retrato!* Se le puede reprochar ser una cosa antigua, pero también es algo muy nuevo» (604).

En estos autorretratos, el artista no se muestra nunca alegre, seguro o, incluso, confiado. Con la mirada seria y a veces abatida que nos dirige desde el cuadro, parece casi siempre lamentable, solitario, introvertido, reñido con el mundo. Su ropa no sirve como atuendo llamativo, y tampoco manifiesta la visión teórica que tiene el artista de sí mismo ni formula su condición como tal en la sociedad. En la presentación de esos atributos, los experimentos de color y forma son tan importantes, al menos, como la caracterización psicológica de la persona o la autorrepresentación en cuanto artista.

Mientras otros contemporáneos suyos como Gauguin o Pissarro formulan de manera tradicional enunciados programáticos acerca del ser del artista sobre un fondo cargado de significado, Van Gogh prefiere el autorretrato «desnudo», sin referencias expresas a su actividad, sus preferencias o el gusto de la época. Si se muestra algo, será la soledad del artista moderno; y si se demuestra alguna cosa, será la propia pintura tal como la articulan el trazo del pincel y el color.

Para la caracterización de los diversos materiales y formas se elaboró un repertorio constantemente cambiante de aplicaciones del pincel: puntos, toques, rayados paralelos, segmentos de líneas superpuestos, haces de líneas imitativas y esfumados, rayas paralelas o diagonales, trazos apretados o amplios, anotaciones descriptivas detalladas y golpes libres. Con estos medios se pueden crear corrientes rítmicas, zonas estáticas y campos de energía y producir equivalencias con distintas propiedades materiales.

En Arlés, Van Gogh desarrollará esta taquigrafía de manera aún más decisiva para trasladar a la realidad del cuadro los datos del color y del pincel. Esta audacia para un tipo de pintura abierta y subjetiva, es decir, siempre experimental, es el resultado llamativo de la confrontación con obras de otros colegas artistas en París.

Un contrapeso determinante frente a los influjos de sus contemporáneos fueron los grabados japoneses en color, admirados y coleccionados por los artistas parisinos desde Manet. No se sentían excitados por lo exótico, sino interesados por la solución de problemas representativos. Lo que fascinaba a Van Gogh en las láminas coleccionadas también por él y que intentó comprender y realizar él mismo desde finales de 1887 con la ayuda de copias y citas pictóricas fue, por un lado, la intensa coloración, y, por otro, el aplanamiento de la reproducción: en aquel arte se había desarrollado a lo largo de siglos un procedimiento para oponer a la realidad un equivalente bidimensional, estilizado, pero en armonía consigo mismo. Eso es también lo que pretendía Van Gogh por aquellas fechas. Japón fue para él la encarnación de un arte futuro que aún no se había hecho realidad. Y, en definitiva, una utopía.

El sur como utopía

Los últimos autorretratos parisinos están dominados, como algunas naturalezas muertas con frutas pintadas en el otoño y el invierno de 1887, por la claridad y por un amarillo chillón. Encarnan la idea de la fuerza liberadora del sur. «Me he propuesto –escribía Van Gogh a su hermana desde París– marchar al sur lo antes posible durante un tiempo; allí hay aún más color y más sol» (W 1). Nada le habría gustado tanto como viajar a Japón, que desde su punto de vista era un país de arte consumado. Aquel Japón, más ficticio que real, le prometía la redención tanto en lo personal como en lo artístico. «Y si no puedo ir a Japón, eso significará marchar al lugar que constituye un buen sucedáneo de Japón: el sur»; ¿la Provenza? Van Gogh creía, precisamente, «que, en definitiva, el futuro del nuevo arte se halla en el sur» (500). Su marca de reconocimiento tendría que ser el amarillo luminoso.

Parece, sin embargo, como si Van Gogh no buscara los colores anhelados en la realidad, sino más bien al contrario; aquella realidad, aquella comarca que respondía de la mejor manera posible a su nueva idea del color luminoso, el sur –tanto si era Japón como la Provenza–, debía certificar esa *representación* suya, y tenía que hacerlo con la fuerza de la naturaleza. La marcha de París a la ciudad de Arlés, en el sur de Francia, el 19 de febrero de 1888, no supuso para Van Gogh un mero cambio de emplazamiento sino mucho más: una esperanza depositada de manera elemental en la naturaleza en medio de una situación desesperada.

En efecto, parece ser que Van Gogh había llegado para entonces a un punto final. Algo más tarde, cuando ya se había marchado, describió la situación en una carta a Gauguin en la que le decía que había sido «muy, muy desdichado», que se hallaba «bastante enfermo y a punto de convertirse en un borracho, pues casi me he matado a trabajar»; le habían abandonado las fuerzas (553a). Van Gogh se acordaba de lo excitado que se sentía durante su viaje a Arlés, «cómo no dejaba de atisbar, ¡como si aquello fuera ya Japón! Una niñería, ¿verdad?» (B 22).

Gauguin se fue a la Martinica; Van Gogh, a Arlés, siguiendo ambos un vago anhelo de un mundo sin agobios, necesidades existenciales, presiones de la civilización, marchantes que los rechazaban y problemas pictóricos no resueltos. El historiador del arte John Rewald ha descrito de manera convincente en su historia del postimpresionismo (1967, 133) ese anhelo del sur:

> Van Gogh aunó en su opinión previamente forjada sobre el sur de Francia todo lo que amaba en el arte: la vivacidad de los colores marroquíes, que tanto apreciaba en Delacroix, las masas estrictas y sencillas de los paisajes de Cézanne, la paleta chispeante de Monticelli, ciertos aspectos de los contornos nítidos de las xilografías japonesas, y un ambiente que le recordaba a sus autores predilectos, Zola y Daudet, originarios del sur; tal vez esperaba, incluso, algo de la exuberancia del trópico hallada por Gauguin en las Indias occidentales.

Arlés, 1888-1889

En la periferia

En febrero de 1888, Van Gogh se puso en marcha en dirección a Arlés tras casi dos años de estancia en París. Viviría allí cerca de quince meses en un profundo aislamiento, pero sostenido por la fe en una nueva comunidad de artistas, apoyado como siempre por su hermano Theo, y con una extraordinaria producción de unos doscientos cuadros y más de cien dibujos y acuarelas. En Arlés surgió en un tiempo brevísimo la obra artísticamente singular que dejaría su marca en toda la modernidad posterior. En esta fase se sitúan una convivencia de dos meses con Gauguin y los primeros indicios serios de una enfermedad. El periodo concluyó con una crisis psíquica seguida de un internamiento y de la decisión resignada de trasladarse a un centro psiquiátrico.

¿Por qué precisamente Arlés? Al fin y al cabo, a diferencia, por ejemplo, de Pont-Aven, en Bretaña, a donde se había retirado Gauguin, no había allí ni una colonia de artistas ni ningún tipo de tradición artística reciente. Exceptuada la necrópolis, Van Gogh no se interesó en absoluto por los notables restos romanos que atraían a los viajeros. El hecho de que el escritor Alphonse Daudet, venerado por él, viviera en la Provenza tuvo, sin duda, cierta importancia, según declaraciones de Van Gogh, pero lo que le atrajo hacia el sur y le llevó a acabar, de manera más bien casual, en Arlés fue, ante todo, la luz.

Es posible que pensara en aquella localidad provenzal tan sólo como estación de paso en su camino a Marsella, donde Adolphe Monticelli, estimado por Van Gogh por encima de todo, había creado unos años antes cuadros coloristas sumamente encantadores y de gran pastosidad. El hecho de que Arlés no estuviera artísticamente «ocupada» pudo haber dado libre curso a los sueños y utopías de Van Gogh.

La huida al campo era entonces algo común y corriente entre los artistas. Sisley trabajaba en Moret y en Les Sablons; Berthe Morisot, en la isla de Jersey; Monet, en Normandía; Gauguin había estado en 1886 en Bretaña, en Pont-Aven, y en 1878 marchó a Panamá y la Martinica. Este fenómeno era, por un lado, consecuencia de la pintura al aire libre, y, por otro –también en el caso de Gauguin y Van Gogh–, expresión de una hostilidad hacia la civilización y de la búsqueda del distanciamiento de la ciudad, sentida cada vez más como algo ajeno y destructivo. Se consideraba lamentable el dominio del dinero, la superficialidad, la corrupción moral y el ajetreo de la vida moderna.

En las primeras semanas y meses vividos en Arlés, Van Gogh exploró el nuevo entorno pintando y dibujando, pintó frutas y flores y reprodujo una y otra vez los árboles en flor, y en varias ocasiones el famoso puente levadizo sobre el canal de Arlés a Bouc, el llamado puente de Langlois, y realizó bocetos del canal La Roubine du Roi con lavanderas frente al telón de fondo urbano e industrial de Arlés.

Algo más tarde, aquellos bocetos se convirtieron en el cuadro *La Roubine du Roi con lavanderas* (lámina II). La perspectiva a vista de pájaro con un primer plano que se hunde precipitadamente, los fuertes contrastes de color, el contraluz del sol vespertino y las vigorosas pinceladas prestan a la escena una vertiginosidad amenazadoramente dinámica; el paisaje civilizado e industrializado está dotado de carga psíquica.

«Quiero decirte antes de nada –escribía Van Gogh tras mencionar el cuadro en una carta a Theo– que todo el mundo va a pensar que trabajo demasiado deprisa.» Pero no era así. «Lo que nos guía la mano es la excitación, la honradez del sentimiento de la naturaleza», y, en esa situación, las pinceladas se ensamblaban de vez en cuando con rapidez, «como las palabras de una conversación» (504). En adelante, Van Gogh considerará necesariamente la aplicación rápida de las pinceladas como una trasposición directa de la conmoción interior frente a una naturaleza sentida como una realidad vibrante.

En una carta enviada desde Arlés a su colega el artista Émile Bernard, decía:

¿No es más importante para nosotros la intensidad del pensamiento que unas pinceladas tranquilas? ¿Es posible acaso una pincelada sosegada y acorde con las normas cuando se pinta del natural sobre el terreno siguiendo la primera inspiración? (B 9).

Gracias a sus experiencias parisinas con el arte de sus contemporáneos, Van Gogh pudo elegir los medios pictóricos en ese momento de tal manera que le permitieran trasladar la inmediatez y la intensidad de la expresión.

Perspectiva simbólica

Las escenas urbanas y los interiores creados en Arlés presentan a menudo una perspectiva insólitamente desfigurada (lámina II). Los suelos se hunden hacia adelante de manera espectacular, las líneas de fuga divergen aquí y allá sin motivo aparente o se aprecia el efecto del vértigo, los objetos se estrechan demasiado o demasiado poco, otros eluden de repente la perspectiva. Las direcciones tienden a separarse de forma mareante; las pequeñas figuras humanas resultan a menudo perdidas en este campo de fuerzas recorrido por una gran tensión. El interior de un café (lámina IV), el pasadizo de una estación, una posta de correos –situaciones y temas triviales– parecen de pronto cargados de intensidad.

¿Creó Van Gogh con todo ello un medio pictórico propio? El historiador polaco del arte Jan Białostocki observó en 1962 en un artículo sobre «El simbolismo de Van Gogh» que, en el siglo XIX, después de que la iconografía convencional hubiera perdido su carácter normativo a consecuencia de las profundas transformaciones ocurridas a finales del siglo XVIII, los temas no se toman ya de la tradición, sino de la observación de la vida. Los impresionistas habrían renunciado así a aceptar cualquier simbolismo.

Van Gogh, en cambio, renovó el contenido simbólico de la imagen, pero en su caso se trata de un simbolismo directo, desarrollado a partir de las cosas. La «perspectiva acelerada», con un punto de fuga cercano que atrae al espectador al interior del espacio representado, se ha de entender también de manera simbólica. Sería lo contrario de la perspectiva distanciadora de Cézanne y del aplanamiento sin perspectiva de Gauguin. En este sentido, las desfiguraciones de perspectiva son comentarios directos del sujeto artístico acerca de la realidad. El mundo se representa como algo oscilante, salido de sus casillas; ya no ofrece una sustentación firme.

Van Gogh habló también de ello expresamente en una carta a su hermana Willemien: «Vivimos en una época en que [...] todo parece vacilar» (W 13). Con estas palabras no formulaba un sentimiento vago, sino una relación consciente con la realidad. Van Gogh pintaba la disociación entre individuo y mundo hasta en los temas más triviales. La perspectiva acelerada y rota constituía su «forma simbólica» de todo ello. Esta observación sólo es aplicable sin restricciones a los motivos tomados de la realidad de las construcciones y la civilización, pero no a las vistas puras de la naturaleza. El significado de estas últimas suele ser una promesa, pues Van Gogh vinculaba precisamente a la naturaleza y a la luz la idea de liberación de las imposiciones de la civilización.

El culto al sol

Debemos tener presente que, tras los laboriosos esfuerzos artísticos de la fase holandesa de los primeros años, la evolución del pintor en esta etapa fue casi precipitada. En unas pocas semanas y meses, Van Gogh adquirió una libertad incomparable en el manejo inventivo de los medios de representación.

En el verano de 1888 creó el cuadro *El pintor, camino de Tarascon* (lámina III). Van Gogh calificó el cuadro de «estudio fugaz [...] de mí mismo, cargado con caja de pintura, bastón y lienzo sobre la carretera abrasada por el sol que lleva a Tarascon» (524). Aquí, el pintor se presenta como «seguidor del culto solar» (Werner Spies, 1984). Hay algo que brota de la simetría y el equilibrio de los colores; y ese algo es la sombra profundamente oscura, un *alter ego* negro del caminante.

El sol era para Van Gogh la razón creativa y, al mismo tiempo, el objeto clarificador e iluminador que sacaba a la luz la verdad acerca del mundo interior. En el sur, decía de vez en cuando, se agudizan los sentidos, la mano es más ágil, el ojo más vivaz, y el cerebro más claro, al menos mientras se aguanten los agobios con inteligencia y salud. El artista necesita el sol y su calor ardiente para llegar a la verdad en medio del nerviosismo que provoca estar expuesto a él. Van Gogh pintaba el calor sin sombras de las llanuras, incluso bajo el «mistral feroz y maligno» (B 18) que le agobiaba duramente, le dificultaba el trabajo con el caballete y hacía que las pinceladas fueran inquietas.

Cuando explicaba que el nuevo arte nacería en el sur, se refería a lo que aparece representado en el cuadro *El pintor, camino de Tarascon:* el hecho de que sólo en el enfrentamiento exacerbado entre el artista y las fuerzas de la naturaleza, que le imponían un estado de excitación, podía surgir una expresión subjetiva con derecho a un significado situado más allá de lo personal y, por tanto, simbólico. El artista sólo está en condiciones de formular la imagen del ser humano inspirándose en la naturaleza cuando se halla dentro de ella y, al mismo tiempo, sufre bajo ella como alguien ajeno.

Aquí radica la diferencia fundamental con los impresionistas: en su caso, la luz era determinante para la percepción de la realidad exterior, mientras que para Van Gogh es decisiva para percibir lo interior.

El «tono amarillo intenso»

El color amarillo desempeñó en Arlés una función especial. «Donde quiera que cae el sol, aparece aquí un amarillo azufrado» (488). En él se halla ya presente el futuro contemplado por Van Gogh en el nuevo arte hecho de color. Aplicar un amarillo claro significaba aproximar lo más posible la escala de color a la luz, y también conquistar intensidad y mostrarla. La claridad, desarrollada a partir de los tonos oscuros de los cuadros tempranos, tenía para el pintor el significado de lo venidero; la materia había retrocedido hasta situarse tras las energías del intelecto.

Referido a las circunstancias de su vida, el cromatismo significa poner al desnudo el interior mediante ese amarillo en el cual se anuncia, al mismo tiempo, una voluntad agresiva de superar la soledad y las limitaciones.

> Cuanto más odioso, viejo, malvado, enfermo y pobre me vuelvo, tanto más busco subsanar el error haciendo que mis colores sean luminosos, equilibrados y radiantes (W 7).

Pero, en realidad, esta fase de su trabajo supuso un esfuerzo extremo. En marzo de 1889, Van Gogh escribía desde Arlés que, según había afirmado su médico,

> en vez de comer lo suficiente y con regularidad, me he mantenido con café y alcohol. Lo admito todo, pero para conseguir el intenso tono amarillo que he logrado este verano, he tenido que estimularme bastante (581).

El «tono amarillo intenso» buscado por él posee una irradiación vibrante para cuya consecución se requería una concentración extrema, e incluso el recurso a algún estimulante. El «tono amarillo intenso» es una metáfora de la percepción intensificada de la naturaleza y, al mismo tiempo, de la independencia radical de los colores entendidos en sentido espiritual. El «tono amarillo intenso» hace presente la visión del sur liberador.

En realidad, el color –no sólo el amarillo– se convirtió en Arlés en el tema principal de Van Gogh. Su interés iba dirigido a lograr un efecto y una intensidad máximos. Buscaba, escribía, la «yuxtaposición insolente de tonos chillones»; quería seguir trabajando, para incrementar la expresión, en obras «igualmente vulgares y de colores chillones» (501). Al descomponer las tonalidades de la realidad y aplicarlas en colores de paleta no mezclados yuxtapuestos directamente sobre el lienzo de manera que las manchas de color –desvinculadas cuando se contemplaban desde cerca– sólo encajasen en un equivalente dinámico de la realidad cando eran vistas desde lejos, Van Gogh separó definitivamente los colores de su función representativa –dio independencia a los medios–. Al actuar así, incorporó las leyes de la percepción del observador a la concepción del cuadro: el cuadro sólo se completa mediante la intervención de quien lo contempla, mediante su órgano de percepción.

En Arlés, Van Gogh habló en varias ocasiones de que el pintor del futuro trabajaría con más cromatismo que hasta entonces. Y apostó con clarividencia por la fuerza autónoma expresiva de los colores. Hoy pensamos en los posteriores fauvistas, en los expresionistas, en Matisse y en lo que vino después de él. Van Gogh identificó en aquel momento el «color sugerente» (539) con el futuro arte liberado. El color permitía anunciar un «renacimiento generalizado y dichoso de todas las cosas en las que uno cree y que ha añorado» (W 22).

Esta idea del color va mucho más allá del mero interés técnico. El arte procedente del color se contemplará como posibilidad de establecer una utopía que no podría hacerse realidad de otra manera. El pensamiento en la renovación del arte por el color significa también en Van Gogh la renovación –a través del arte, pero más allá de él– de la percepción de la realidad: un proyecto fundamental de la modernidad.

El «cuadro tosco»

Desde el verano de 1888, el dibujo desempeña en la obra de Van Gogh una función completamente nueva. Cuando los colores se apagaban o cuando el mistral soplaba con demasiada violencia como para permitir pintar al aire libre en el caballete, Van Gogh se dedicaba a dibujar. Trabajaba preferentemente con plumas de caña japonesas de trazo muy variable. Los conocimientos que adquirió y las prácticas que desarrolló no tardaron en ser también determinantes para sus procedimientos pictóricos. Los dibujos realizados en Arlés no poseen ya carácter de boceto sino de cuadro.

Un dibujo realizado en junio de 1888 durante una breve estancia en el pueblo de pescadores de Les Saintes-Maries-de-la-Mer, a orillas del Mediterráneo, revela claramente el nuevo procedimiento (figura 5).

Continuando con los tempranos experimentos realizados en La Haya (figura 1), Van Gogh creó con trazos paralelos largos y ondulados y cortos y curvados una estructura general en la que cada elemento de la naturaleza y cada objeto obtenía un equivalente formal determinado por las posibilidades de las plumas de caña. La realidad se traslada a la superficie en líneas y estructura; corrientes rítmicas, zonas estáticas y campos de energía forman correspondencias de las características de los materiales. En estos trabajos elaboró a modo de patro-

5. *Calle de Saintes-Maries-de-la-Mer,* pluma de caña, Saintes-Maries, junio de 1888. Museum of Modern Art, Nueva York.

nes elementos de una taquigrafía del dibujo: puntos, comas, líneas, rayas, curvaturas, haces. Es posible que Van Gogh se inspirara para la elaboración de este sistema en introducciones a la pintura china o japonesa, que proporcionan alfabetos similares de puntos y rayas para la realización de dibujos.

Apenas desarrolladas estas normas de dibujo, Van Gogh las trasladó a la pintura. Aquel mismo verano realizó el *Jardín de flores* (lámina VII), consistente en una estructura compuesta por capas de toques, rayas y signos de pincel, en parte densos y en parte diluidos, que cubre la superficie del cuadro. Para crear pictóricamente una correspondencia con la realidad, Van Gogh trabajó aquí no sólo con la «escala cromática paralela», sino también con las posibilidades de aplicación de los colores en función de las características de mayor o menor densidad de los pigmentos y del pincel. El cuadro surgía ahora de manera lógica de los medios pictóricos y de sus leyes.

Como las especies de flores sólo aparecen en el cuadro como manchas y no son propiamente reconocibles, Van Gogh las identificó individualmente por sus nombres en una carta a su hermana, a quien explicó, además, lo siguiente:

> Las líneas extravagantes, buscadas [es decir, inventadas] y repetidas que serpentean por todo el cuadro no reproducen el jardín en su apariencia habitual, sino que nos lo redibujan como visto en un sueño, en su carácter verdadero y, a la vez, con una rareza mayor que la que tiene en la realidad (W 9).

La naturaleza y la experiencia de la misma deben, por tanto, vivirse de nuevo a través de unos medios pictóricos independizados y sistematizados, la realidad debe mostrarse como algo extraño, sorprendente y ajeno.

Van Gogh calificaba a menudo sus cuadros —como, por ejemplo, el de *El pintor, camino de Tarascon* (lámina III)— de «estudios» o «bocetos» para recalcar lo provisional y lo experimental de sus trabajos, pero también, seguramente, por su incertidumbre acerca de la posibilidad de lograr la imagen definitiva. En una carta a Theo daba aún el nombre de estudio a su *Jardín de flores* (lámina VII), y añadía a continuación:

Ese estudio contiene el tema para un cuadro, lo mismo que otros que tengo conmigo. Realmente, no sé si llegaré a realizar algún día cuadros pintados con sosiego y tranquilidad, pues creo que todo lo que hago es caótico y carente de unidad (512).

Van Gogh sabía que su experiencia de la vida no le permitía «pintar el cuadro sosegado y tranquilo», y que su desasosiego interior y exterior daba lugar inevitablemente a cuadros inquietos. Por eso hablaba de una «pintura en bruto» (525). Fuera tenía que luchar constantemente contra el mistral, que le impedía «dominar su pincel. De ahí lo "caótico" de los estudios» (518). Lo que Van Gogh no quería era, precisamente, corregir o, incluso, pulir el cuadro realizado *in situ*, pues se trataba de dar voz al efecto inmediato de la naturaleza sobre él, el pintor. Al final escribió con total expresividad: «A nosotros, en cambio, nos gusta mucho que el cuadro parezca un poco tosco» (527).

El «cuadro tosco» permite percibir de manera inmediata la violencia de la excitación y el nerviosismo a través del medio pictórico, utilizando, como dice Van Gogh a Émile Bernard, «manchas de color gruesas, zonas del lienzo sin cubrir, un sector inacabado aquí o allá, repintados y efectos en bruto» (B 3).

Van Gogh se servía también de prácticas pictóricas poco comunes y pintaba sobre el suelo o a oscuras; eran intentos de liberarse «de la representación convencional» (W 7). Aquel tipo de realización indisciplinada se apartaba, como es natural, de la norma estética de su época. Pero la estética del «cuadro tosco» era para él un resultado necesario de la búsqueda de la veracidad de la imagen.

Cuando Van Gogh hubo concluido *El pintor, camino de Tarascon* (lámina III), escribió a Theo para decirle que se sentía muy contento del cuadro, y concluyó con este asombroso razonamiento: «[...] pues es muy feo» (502).

Ningún artista debió de argumentar así antes de él. La consideración de verdadero no se atribuye ya a lo bello, sino a lo que se tiene, en general, por feo. El calificativo de «muy feo» como distintivo de calidad indica la desviación de las normas de belleza existentes, pero significa también la imposibilidad de reconciliación con la naturaleza, imposibilidad que, en Arlés, se convertirá en tema central para Van Gogh.

El taller del sur

En mayo de 1888, tres meses después de su llegada, Van Gogh había alquilado en la parte norte de Arlés, en la plaza Lamartine, el ala derecha de una casa con dos habitaciones en la planta baja y dos cuartos encima de ella, pintada por fuera de amarillo y por dentro de blanco. «Será el taller, mi residencia para todo el tiempo de mi estancia aquí, en el sur.» Mientras se renovaba la casa –el pintor no pudo mudarse hasta septiembre–, Van Gogh proyectó para sí el lugar del arte nuevo, del arte futuro. «¿Vendrá, quizá, Gauguin al sur?» (480). Gauguin, que vivía enfermo en Pont-Aven y a quien Van Gogh había conocido en París, debía trasladarse allí y ser el jefe de ese *«Atelier du Midi»,* que más tarde podría llegar a ser el germen de una especie de cooperativa de artistas,

> un refugio para otros más [...] de manera creciente, en la medida en que nuestro fatigoso trabajo nos proporcione los medios para completar todos nuestros planes (553a).

Ya en La Haya, Van Gogh había planeado para los nuevos artistas posibilidades diferentes de las ofrecidas por el mercado tradicional del arte, que, por lo demás, estaba cerrado para ellos. Los artistas que no tenían éxito en el mercado debían unirse y crear una distribuidora de productos gráficos. Un tercio de los ingresos debería cubrir los adelantos destinados a la producción, otro tercio estaría constituido por los honorarios y el resto iría a un fondo de reserva para futuras producciones. Lo importante en todo ello era la independencia respecto al mercado, que, según sabía Van Gogh por su trabajo en la galería, imponía compromisos a los artistas y les obligaba a falsear sus intenciones.

Van Gogh, que hasta entonces no había vendido un solo cuadro, retomó aquellas ideas. En sus cartas a Theo, Gauguin y Émile Bernard reflexionó sobre sus modalidades con formulaciones que cambiaban constantemente. Los cuadros de los miembros, reunidos en un acervo común, deberían ser tasados por peritos apropiados, y los rendimientos, decía en una carta a Gauguin, habrían de garantizar «la existencia material de los pintores» y asegurarles «los medios de producción (pigmentos, lienzos)» y «una participación directa en el precio que alcanzasen sus cuadros mucho más tarde, cuando ya no fueran propiedad de los artistas» (553a).

En cuanto a los artistas participantes, Van Gogh pensaba, además de Gauguin y Bernard, en aquellos que le habían impresionado en París: Degas, Monet, Renoir, Sisley, Pissarro y Seurat. Estos artistas, famosos ya para entonces, debían conservar su primacía, apoyando, no obstante, a otros menos conocidos que pensaran como ellos. «Las ganancias y las pérdidas serían soportadas en común.» El objetivo principal era la autonomía: «Es la gran revolución: el arte para los artistas; Dios mío, quizá se trate de una utopía, pero si es así, tanto peor...» (498).

Con aquellas ideas, Van Gogh se adelantaba mucho a su tiempo. Sólo los artistas de comienzos del siglo XX entenderían sus intereses de aquel modo y los sostendrían en común en función de un parentesco en sus concepciones artísticas.

La comunidad artística de Van Gogh ofrecería, además, al artista aislado un hogar, en el sentido de una hermandad o un taller medieval –un «techo para los amigos... en tiempos en que les vaya mal en su lucha» (553a)–, y mediante la unidad en los asuntos artísticos le brindaría fuerza y estabilidad frente a una burguesía incapaz de entenderle. El individuo conseguiría una mayor libertad y seguridad para su trabajo creativo por medio de la iniciativa común. Lo que le interesaba a Van Gogh en todo ello era siempre la independencia respecto a la industria burguesa del arte.

Así pues, no le preocupaba sólo la renovación del arte, sino también la inevitable renovación del negocio del arte y de la institución artística en la modernidad. No obstante, Van Gogh se dio cuenta inmediatamente de sus límites. Al público le agradaba lo pulido, lo encantador, y nunca cambiaría. «Un talento serio no debe contar con que su trabajo le aporte algo» (524). Por otra parte, quienes sabían comprender a los nuevos artistas eran demasiado pobres como para poder comprar sus trabajos.

Preparativos para una amistad entre artistas

El germen de la proyectada «Casa de los artistas» y de la cooperativa artística contaría con la colaboración de Gauguin, quien tampoco había alcanzado reconocimiento hasta entonces. Van Gogh comenzó a acondicionar –«con una alegre excitación» (553a)– para su huésped una de la habitaciones más espaciosas de la Casa Amarilla. Quería compartir con su colega los escasos medios económicos que obtenía de su hermano Theo si Gauguin le entregaba de manera regular un cuadro para venderlo. En el caso de una posible venta, los beneficios serían para los tres. En aquella asociación, «cada uno de nosotros será más él mismo, y la unidad nos hará fuertes» (544).

Gauguin vaciló durante meses sobre si debía aceptar la invitación de ir al sur, pero, al igual que Émile Bernard, se comprometió a realizar un gesto de amistad concebido por Van Gogh y que debía preparar la comunidad de artistas: cada uno de ellos pintó un autorretrato con el objeto de intercambiarlo por otro. Bernard se representó como bohemio, y Gauguin en forma de cuadro dentro de un cuadro, bajo la figura de un campesino bretón; Gauguin citó a Bernard como cuadro dentro de un cuadro titulado *Les Misérables,* caracterizándolo como un intelectual, y se mostró a sí mismo como víctima de la sociedad.

El autorretrato de Van Gogh, escueto y desnudo, representado finalmente con la cabeza rapada (lámina XI) –«un autorretrato casi sin color, de tonos ceniza sobre un fondo verde pálido *veronés*» (537)–, habla, en cambio, de la soledad del artista y del carácter ascético de su tarea; al mismo tiempo contiene, según escribió Van Gogh, algo de aquel «agotamiento y devastación que trae consigo nuestra llamada civilización» (533a). No obstante, no se puede obviar la forma de aureola de pinceladas de color verde en torno a la cabeza, que da cierto aire sacerdotal al personaje representado.

Los tres cuadros describen la situación precaria del artista en los comienzos de la modernidad, y la concepción más pesimista del trío es la de Gauguin. Van Gogh se sintió contento con esos cuadros, según dijo, pues describían a sus amigos en su estado actual:

> No seguirán así, sino que volverán a hallar el camino hacia una vida más alegre. Siento claramente que se me ha encomendado la misión de hacer todo lo posible para aliviar nuestra pobreza (545).

Van Gogh entendía, pues, los cuadros como la confirmación de su proyecto y como una llamada para llevarlo a la práctica. Pero aquí, en Arlés, advertimos también el planteamiento social basado en un principio en motivos religiosos que había impulsado ya a Van Gogh en sus primeros tiempos.

Gauguin anunció su llegada a finales de junio de 1888. Van Gogh se dispuso a acondicionar la Casa Amarilla (lámina V). Compró muebles y una estufa para el invitado e hizo instalar gas para poder pintar también de noche. Habló entusiasmado en varias ocasiones del amarillo del exterior de la vivienda, del rojo del suelo de cerámica y del blanco de las paredes. Ya en La Haya había organizado para sí un taller claro, funcional y sobrio. ¡Y ahora, aquellas paredes blancas, totalmente insólitas para la época!

Van Gogh se había decidido por unas paredes blancas –que, con el «White Cube» (O'Doherty, 1976), acabarían siendo la norma en las exposiciones de la época moderna–, pues con ellas se prometía un realce adicional de los colores. Tras lanzar una indirecta contra los talleres de los príncipes de la pintura de la segunda mitad del siglo XIX, «que tienen el aspecto de una tienda de objetos curiosos» (W 15), Van Gogh hizo hincapié en que sólo en un ambiente claro y luminoso como aquél era «realmente posible vivir, respirar, reflexionar y pintar». El ambiente sencillo debía dar testimonio de la seriedad y la intransigencia del nuevo artista, que desprecia todas las baratijas porque forman parte de un pasado y un espíritu que querría abandonar en aras del arte futuro. Sólo en la luminosa claridad del espacio –y, por tanto, del entendimiento– parecía posible vivir y respirar, reflexionar y pintar con libertad, es decir, trabajar de manera creativa y renovadora en la modernidad.

Van Gogh decía en una de sus cartas que quería «colgar de las paredes blancas grandes girasoles amarillos, sin nada más» (534). El efecto fue evidente. Pau Signac informa tan sorprendido como impresionado sobre su visita a Arlés: «¡Imagínese el esplendor de las paredes pintadas de blanco en las que destacan esos colores con toda su luminosidad!» (Cartas, 6, 292).

Por lo demás, Van Gogh optó también –remitiéndose a Gauguin– por unos filetes blancos y finos para los cuadros en lugar de los marcos voluminosos:

> ¿Sabes que Gauguin es el verdadero descubridor del marco blanco? Un marco de cuatro listones clavados en un bastidor cuesta cinco céntimos [...] El efecto es muy bueno, pues un marco así no resalta y forma *una* superficie con el lienzo (561).

Con aquel procedimiento se había descubierto el medio deliberadamente sencillo y discreto de enmarcar la tela y destacarla de la pared, contribuyendo al mismo tiempo a que la obra ejerciera un efecto óptimo. En ese mismo pasaje se observa que Van Gogh pensaba siempre no sólo en su pintura y en cómo renovarla, sino también en sus repercusiones sobre los más diversos aspectos del arte y la actividad artística.

En cuanto a la Casa Amarilla, Van Gogh tuvo también en cuenta una serie de cuadros que debían decorar la habitación de Gauguin y definir, por tanto, la casa entera como un lugar de arte. Su primer pensamiento fue «colgar grandes girasoles amarillos sin nada más», una docena de cuadros: «El conjunto será una sinfonía de azul y amarillo» (526). Tendría que ser una auténtica *casa de artistas»,* a la que debía corresponder «una decoración *[décoration]* realmente generosa» (534).

Por un lado, Van Gogh pensaba demostrar a Gauguin su productividad, y, por otro, quería organizar para su colega un marco creativo hecho del espíritu del sur y del sol, encarnado en el tema de los girasoles. Para finales de septiembre acabó cuatro versiones. Como pintaba del natural, dependía del momento de la floración: «Habría querido pintar más girasoles, pero ya no quedaban» (543). Más tarde, no obstante, repetiría las versiones del otoño de 1888.

Dentro de la serie, la composición fundamental –flores en una vasija sobre un fondo neutro– se mantendría sin cambios; sólo variarían el número y la disposición de las flores, además de la combinación de los colores. Los contrastes complementarios quedan en un segundo plano tras una tonalidad que, sin embargo, no está matizada de oscuro sino agudizada en tonos claros y resplandecientes, en variantes del «tono amarillo intenso» acentuado hasta el extremo. Según su idea de un sur sin sombra, Van Gogh sustrajo los girasoles de la interacción de luces y sombras. Su luminosidad proviene de dentro, no es un juego de reflejos de una luz procedente del exterior, como en los impresionistas: se trata de una energía natural. El arte se nutre, sin duda, del enfrentamiento –inquieto– con la naturaleza, pero se reafirma como algo independiente frente a ella en virtud del color.

Junto a las cabezas redondas de los girasoles vivos se pueden ver también a veces muchos moribundos. Sus tallos se doblan formando líneas llamativamente largas de aspecto torturado. Parece que se nos habla, en un equilibrio de fuerzas, del florecer y el marchitarse, de la vida y la muerte, tomando como ejemplo la naturaleza. Pero la muerte no se produce sin rebelión ni resistencia: pensemos en las formas agresivas y puntiagudas que aparecen en el momento de la extinción.

Este ciclo de maduración y muerte se realiza en la deslumbrante claridad del amarillo cargado de utopía. En medio de la conciencia del fracaso, los cuadros de los girasoles nos hablan de una fuerza de resistencia que sólo es imaginable en función del color, es decir, del arte. Donde la vida no tiene nada más que ofrecer, toda capacidad de resistencia existe por el arte y en el arte.

Van Gogh depositó las máximas esperanzas en la anhelada estancia de Gauguin en la Casa Amarilla. Cuando colgó aquellos cuadros para Gauguin en la habitación de éste, los entendió como un gesto de amistad entre dos personas que pensaban de la misma manera acerca de la modernidad. En este contexto funcional, los girasoles se cargan adicionalmente de un significado programático. Expresan con precisión la situación actual en un sentido artístico: la esperanza en una superación de las miserables condiciones de vida tanto por medio del color, que alcanza su fuerza de expresión propia en la luz meridional, como por el arte, fortalecido en la existencia en común, y por su pretensión a elevarse por encima de la realidad.

Cuando los girasoles perdieron la flor, Van Gogh amplió el plan para la decoración pictórica de la Casa Amarilla antes de la llegada de Gauguin. Al principio pensó en una serie de retratos; luego, en varios motivos de Arlés como tema pictórico: un café nocturno (lámina IV), un puente ferroviario, un coche de postas aparcado, la Casa Amarilla (lámina V), el dormitorio del artista. Las creaciones, realizadas en unas pocas semanas y de apariencia dispar sólo a primera vista, son nada menos que la grandiosa representación de conjunto de una visión subjetiva contemporánea de la realidad tanto interna como externa tomando como ejemplo la vida en Arlés. Desde que Roland Dorn reconstruyera en 1990 este proyecto general del artista, los cuadros individuales realizados en Arlés deben contemplarse siempre en esa relación.

Décoration: la «expresión dolorida de nuestra época»

Van Gogh habló de la *décoration* de la Casa Amarilla. Nosotros debemos entender con ese término mucho más que una disposición ornamental. El simple número de los cuadros pensados para ella –en un primer momento debían ser treinta– contradice esa finalidad práctica: la casa habría sido demasiado pequeña para contenerlos. La observación de Van Gogh en una carta a Theo en la que hablaba de su imposibilidad de abarcar aquel conjunto, «pues todavía debo realizar los cuadros de las demás estaciones» (558), da a entender que pensaba en un ciclo mucho más amplio de ritmo estacional. Las dimensiones de los cuadros son en gran parte uniformes, según la norma francesa: «Lienzos de 30», es decir, de unos 90 × 70 cm. Se establecía así el carácter seriado de los cuadros individuales.

Según ha demostrado Roland Dorn, cada nuevo cuadro guarda relación con otro creado poco antes para la *décoration*. De ese modo se formaban parejas contrapuestas y aparecían contradicciones deliberadas que, sumadas, debían combinarse en una totalidad. En carta a

Émile Bernard, Van Gogh le decía que había «surgido involuntariamente algo parecido a una serie» (B 18). La decoración no era «una creación casual [...], sino un trabajo querido y pretendido de ese modo» (540). No responde, pues, a una concepción premeditada, sino más bien a una idea que se fue formando progresivamente.

Al final, los planes fueron claramente más allá de la Casa Amarilla. Van Gogh pensó en enviar a París para la exposición de un siglo de pintura francesa aquel «trabajo grande y serio» compuesto por los cuadros más importantes de la *décoration*. «Con ellos resultaríamos absolutamente originales» (541).

Desde un punto de vista temático, la serie gira en torno al día y la noche, el interior y el exterior, la pasión y la calma, el florecimiento y la extinción, la casa del pintor y el jardín del poeta, los puentes de hierro modernos y los antiguos coches de postas, la cercanía y lo infinito, el trigal y la viña, la vida rural y la urbana, la naturaleza y la civilización –integrado todo ello, así debemos suponerlo, en el ritmo de las estaciones–. Los cuadros antitéticos deberían apoyarse mutuamente, según Van Gogh, «complementarse unos a otros» (537).

Si seguimos consultando los comentarios de Van Gogh, veremos con toda claridad que cada uno de los cuadros debía mostrar un contenido que fuera más allá del tema concreto. Un segador en medio del intenso calor del mediodía, y otro frente a un sol poniente representan el devenir y el extinguirse; el café nocturno es un lugar de desesperación y ruina; su pareja, en cambio –el dormitorio del propio pintor–, se entiende como un lugar de calma perfecta; las estrellas del cielo nocturno son

I. *Los comedores de patatas,* Nuenen, abril de 1885. Museo Van Gogh, Amsterdam.

II. *La Roubine du Roi con lavanderas,* Arlés, julio de 1888. Propiedad particular, EE.UU.

III. *El pintor, camino de Tarascón,* Arlés, julio de 1888. Destruido; anteriormente, en el museo Kaiser Friedrich de Magdeburgo.

IV. *Café nocturno,* Arlés, agosto/septiembre de 1888. Yale University Art Gallery, New Haven (Connecticut).

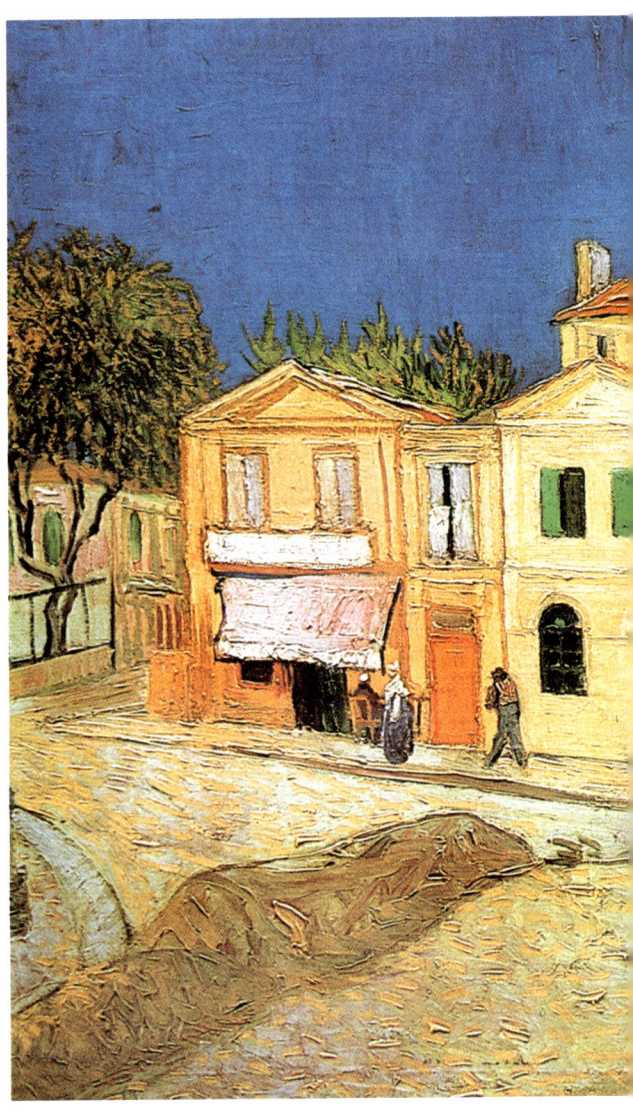

V. *La Casa Amarilla,* Arlés, septiembre de 1888. Museo Van Gogh, Amsterdam.

VI. *Campo verde de trigo a la salida del sol,* Saint-Rémy, junio de 1889 (?). Museo Kröller-Müller, Otterlo.

VII. *Jardín de flores,* Arlés, julio de 1888. Metropolitan Museum of Art, Nueva York.

VIII. *Pinos ante un cielo de atardecer,* Saint-Rémy, noviembre de 1889. Museo Kröller-Müller, Otterlo.

IX. *Casas con cubierta de paja ante una colina,* Auvers-sur-Oise, julio de 1890. Tate Gallery, Londres.

X. *Raíces y troncos de árboles,* Auvers-sur-Oise, julio de 1890. Museo Van Gogh, Amsterdam.

XI. *Autorretrato,* Arlés, septiembre de 1888. Fogg Art Museum, Universidad de Harvard (Cambridge, Mass.).

puntos fijos de esperanza en unos tiempos mejores; y un retrato es siempre la imagen de una postura particular frente al mundo; así, el cartero Joseph Roulin, de ideas revolucionarias, encarna, según Van Gogh, la integridad, y el pintor Eugène-Guillaume Boch, al artista incondicional.

En los cuadros se introducen siempre referencias simbólicas. En esto, Van Gogh se diferenciaba de manera esencial tanto de los impresionistas como de los neoimpresionistas, que le habían impactado en París con sus obras. Su actitud estaba en contradicción con una tendencia de la modernidad: la ausencia de contenidos. Para él, el arte debía transmitir siempre verdades de alcance profundo.

Van Gogh quiso, desde luego, «causar cierta impresión en Gauguin» (544) con su serie de cuadros y «mostrarle visiblemente [...] y sin lugar a dudas su propia originalidad» (556), pero también, en definitiva y más allá del motivo concreto del momento, crear un proyecto general «duradero» (535) en función de la conciencia de que el mundo sólo podía ser captado y representado propiamente de forma fragmentaria y en partículas.

Según escribía a Émile Bernard, antes de la Revolución francesa había existido una sociedad bien trabada y abarcable en la que todos y todo tenían su lugar. Si los socialistas levantasen en el futuro su «construcción social», se experimentaría –sobre eso no tenía la menor duda– la realización de una sociedad estructurada de manera diferente y sensata. Pero todavía no se ha llegado a esa situación, y la sociedad se encuentra en un estado de caos, fragmentación y desorientación. El artista sólo puede responder con la representación de partes y secciones. Se vislumbra ya aquí la estética fragmentaria del siglo XX: «Podemos pintar un átomo del caos, un caballo, un retrato. A tu abuela, una manzana, un paisaje» (B 14), pero no la totalidad, que sólo puede componerse a partir de los detalles.

Esta idea de crear una totalidad mediante el ensamblaje de imágenes correlativas de vistas de detalle subjetivas se difundió a finales del siglo XIX, cuando se generalizó la conciencia de una visión del mundo que sólo podía ser fragmentaria. *El friso de la vida* de Edvard Munch, iniciado a comienzos de la década de 1890, y las grandes series de Monet, como *Los almiares,* de 1891, tienen también su origen en esas ideas, al igual que las grandes concepciones para pinturas al fresco de Ferdinand Hodler y el *Friso de Beethoven* de Gustav Klimt, de 1902. Munch describió de manera lapidaria el tema común de sus cuadros individuales reunidos en un conjunto con la expresión: «De la vida moderna del alma»; y Van Gogh habló en una carta a Gauguin de su extensa búsqueda de la «expresión dolorida de nuestra época» (643).

La unidad de espacio y ciclo pictórico en la Casa Amarilla debía confirmar simbólicamente, desde un punto de vista ideal, un mundo de arte que, según la intención de Van Gogh, fuera la mejor condición para una ulterior productividad. La Casa Amarilla como casa de artistas sería así el lugar de la renovación del arte a partir de aquel espíritu del sur plasmado por él en su ciclo, pues Van Gogh no era capaz de imaginar la renovación sin el desafiante y estimulante sol del sur y sin el «tono amarillo intenso».

Gauguin en Arlés: momento estelar y crisis

Gauguin llegó por fin a Arlés el 23 de octubre de 1888. Durante un tiempo, las conversaciones y el trabajo en común de los dos moradores de la Casa Amarilla son estimulantes y fructíferos. Pero no tardará en ser palpable que Gauguin, tosco, anímicamente sólido y más bien egocéntrico, y el irritable y nervioso Van Gogh, que duda constantemente de sí mismo y se halla siempre dispuesto a entregarse por los demás, no se llevan bien y que, además, es mucho lo que los separa en el terreno del arte.

La constatación de que, por ejemplo, los modelos de Gauguin son Ingres, Rafael y Edgar Degas, mientras que Van Gogh se remite a Delacroix y a los pintores de la escuela de Barbizon, no será una mera reedición del antiguo enfrentamiento por la valoración de la línea y el color, es decir, del conflicto histórico sobre la primacía de Ingres o Delacroix, el Clasicismo y el Romanticismo, sino una profunda diferencia de opinión en cuestiones relativas a la autonomía de los medios pictóricos. Gauguin apuesta por la estilización y la simplificación, que intenta alcanzar mediante el equilibrio estilístico y formal entre línea y color, mientras que Van Gogh pone todo su interés en las posibilidades del color aplicado de manera enfática y en su independencia. En diciembre de 1888, Gauguin escribe a Émile Bernard: «Él es romántico, y yo tiendo más a lo primitivo» (Cartas, 6, 68).

Las representaciones de un mismo asunto realizadas por ambos ilustran esa diferencia. A primeros de septiembre de 1888, Van Gogh informa sobre un nuevo cuadro pintado por él en el café a lo largo de tres noches. El café permanecía abierto toda la noche y era el lugar de refugio de noctámbulos y borrachos. El cuadro era, según él, «uno de los más toscos que he pintado nunca» (lámina IV). Van Gogh había intentado «expresar con rojo y verde las terribles pasiones humanas». La «lucha y la antítesis» están por todas partes:

> en los verdes y rojos más diversos, en las pequeñas figuras de los noctámbulos, en el espacio vacío y melancólico, en el violeta y el azul (533).

Volvemos a percibir cómo Van Gogh trabaja por alcanzar en este cuadro una expresión de tensión extrema sirviéndose tan sólo del color y sus fuertes contrastes. Unos días después escribe lo siguiente:

> En mi cuadro del café nocturno he intentado expresar que es un lugar donde uno puede hundirse en la ruina, volverse loco y cometer un crimen [...]; todo ello, en una atmósfera de ascuas de horno infernal y de un amarillo pálido azufrado (534).

Cuando Gauguin aborda, dos meses después, el mismo tema, su cuadro resulta decididamente distinto. En una estructura representativa firme, totalmente contrapuesta a la inestabilidad de la perspectiva en Van Gogh, imperan la calma y la introspección –a pesar de la intensidad cromática–. Gauguin muestra a las personas en compañía y proximidad, mientras que Van Gogh las aísla; en Gauguin domina una simplicidad que va más allá del tiempo; en Van Gogh, en cambio, una aguda incandescencia existencial.

Cuando Van Gogh pinta su cuadro, se hospeda durante unos meses en ese mismo Café de la Gare, antes de poder mudarse a la Casa Amarilla. El infierno metafórico en la tierra es, pues, el suyo propio –el lugar de noches en vela entre otros proscritos–. Lo que se representa no es un local ficticio sino un lugar real, transformado en expresión de una experiencia personal: la experiencia del distanciamiento del mundo, mediante la deformación de lo espacial, la intensificación extrema de los colores y la vehemencia en la aplicación del pigmento.

La diferencia artística entre ambos pintores es, pues, evidente. Sin embargo, en la producción de Van Gogh durante esta breve fase común en Arlés se observa que el pintor, a pesar de todos sus desacuerdos, se dejó influir temporalmente por su admirado colega de más edad. Gauguin había terminado unos meses antes en Pont-Aven su importante cuadro *Jacob lucha con el ángel,* caracterizado por cambios abruptos en las proporciones, un aplanamiento deliberado, colores puros y formas escuetas. Van Gogh reaccionó a él aplicando, sobre todo en los retratos, un nuevo aplanamiento definido por contornos angulosos, artificiales, «inventados». En una de sus cartas leemos: «[...] Gauguin me ha hecho ver con claridad, en cierto modo, que ha llegado el momento de introducir un poco de variación en mi trabajo». Van Gogh habla así de su nuevo método: «Comienzo a componer a partir de lo que tengo en la cabeza» (563).

Hasta entonces, el trabajo realizado directamente en la naturaleza o ante el modelo era indispensable para la veracidad del cuadro. Van Gogh llama ahora abstracción a pintar «a partir de lo que tiene en la cabeza». Con ese término se refiere a algo distinto de lo que hoy entendemos como tal, es decir, no una falta de objetividad sino una estilización artificial. Van Gogh comentará más tarde, en un ejercicio de autocrítica, que se dejó llevar por Gauguin «hacia el desvío de la abstracción», que le pareció un camino más atrayente. «Pero, ¡amigo mío!, se trata de un camino embrujado. Y uno no tarda en encontrarse frente a un muro» (B 21).

Lo que le retiene para no seguir por el camino de una «abstracción» mayor es la idea de que con ella se rompe el vínculo con la naturaleza. En definitiva, para Van Gogh un cuadro no puede surgir en la cabeza sino que debe nacer ante la naturaleza a fin de dar testimonio de su espíritu; más aún: para él se trata de «sacar nuevas fuerzas de la realidad»: «Exagero, pues a veces modifico el tema, pero no invento, precisamente, el cuadro entero sino que, al contrario, lo descubro ya terminado»; luego continúa con una observación adicional tomada de Alberto Durero: «Hay que extraer el cuadro de la naturaleza pelando la capas que lo cubren» (B 19).

Las pocas semanas vividas en común por Van Gogh y Gauguin constituyen uno de los momentos estelares del arte. Fueran cuales fuesen las diferencias artísticas manifestadas en aquella convivencia y las susceptibilidades, desavenencias y agresiones que se generaron, se trata de una fase de máxima productividad. Si se incluyen los trabajos realizados para la *décoration,* tenemos ante nosotros una serie de obras que serán maestras y pioneras, cada una en su género. En primer lugar, es asombrosa la sola cantidad de obras realizadas en este tiempo de finales de octubre a finales de diciembre de 1888. La competencia parece tener un efecto intensificador. Ambos pintores se proponen con frecuencia en esas ocho semanas temas idénticos, mientras que los cuadros son a menudo lo más diferentes que uno pueda imaginar.

Así, por ejemplo, hacia la segunda semana en común –finales de octubre-principios de noviembre– pintan la avenida otoñal Les Alyscamps, con sus sarcófagos antiguos, en la periferia de Arlés, al sur de la ciudad. En dos de las cuatro versiones de Van Gogh, estos cuadros de filas de árboles son paisajes anímicos entre rejas; y en las dos de Gauguin, zonas míticas extasiadas. Durante la tercera semana, Van Gogh, además de retratar a la señora Ginoux, crea también una plasmación ideal de la fertilidad de la naturaleza con su *Viña roja,* mientras que Gauguin pinta tanto la réplica ya mencionada del *Café nocturno* de Van Gogh como la personificación moderna de la melancolía con su obra *Miseria humana (Vendimia)*. Gauguin trabaja en la escena imaginada, enfrentada a la realidad; Van Gogh desarrolla una interpretación subjetiva a partir de la experiencia de la realidad vivida con empatía.

Dos semanas más tarde, Gauguin se ocupa del tema de las lavanderas a orillas de la Roubine du Roi tratado por Van Gogh, mientras que éste trabaja en los dos cuadros de la *Silla,* así como en tres versiones del tema del segador. Van Gogh pinta luego los retratos de los miembros de la familia Roulin, seis, nada menos, en una semana. Entretanto, durante la séptima semana, Van Gogh crea, entre otros trabajos, una repetición del tema de los girasoles, y Gauguin lo retrata en esa faena –es decir, puesto que en ese momento, en diciembre, ya no hay girasoles, Van Gogh está pintando a partir de un cuadro previo, y Gauguin representa una escena ficticia utilizando como modelo los cuadros de girasoles de Van Gogh–. Vemos aquí con especial claridad la gran compenetración existente en la actividad de ambos.

Durante los últimos días vividos en común, en el mes de diciembre, Van Gogh pinta tres retratos, entre ellos *La Berceuse,* al estilo de Gauguin, así como un autorretrato (dedicado a su amigo pintor Charles Laval); Gauguin, en cambio, realiza dos retratos –ambos utilizaron al parecer de manera simultánea el mismo modelo–, y un autorretrato dedicado igualmente a Laval, así como el enigmático y sombríamente introvertido *Las arlesianas (Mistral)*. Los autorretratos vuelven a ponernos ante los ojos las evidentes diferencias entre ambos: Van Gogh, susceptible, inseguro y lleno de dudas sobre sí mismo; y Gauguin, sólido y seguro de sí.

Al comparar las distintas versiones sobre un mismo tema se muestra constantemente de nuevo que Gauguin intenta alcanzar un clasicismo equilibrado y sencillo con un estilo de pintura más sosegado, desarrollando una tendencia hacia la abstracción esquematizadora, mientras que Van Gogh se aferra de momento a una forma de pintar espontánea y a la agitación de una expresión cromática intensificada. Ante las críticas –formuladas probablemente por Gauguin– de que trabaja demasiado apresuradamente y, por tanto, de manera explosiva, escribe: «Como respuesta, estos días he trabajado *aún más deprisa*» (563). Van Gogh se obstina, pues, en la identidad inmediata de un trazo de pincel rápido y una plasmación psíquica auténtica. Luego, hacia el final de la convivencia, prueba también a realizar creaciones aplanadas y a trabajar con mayor lentitud. La producción pictórica total es, en cualquier caso, extraordinaria.

Van Gogh consigue aclarar en este tiempo su proyecto artístico propio mediante su confrontación con Gauguin. Pero el abismo abierto entre los dos se ahonda. Ambos pintores sueñan con un arte futuro salido del espíritu del sur, pero Van Gogh piensa en su Japón ideal, y Gauguin, en sus concretos mares del Sur. Ya en noviembre, Gauguin escribe a su amigo Émile Schuffenecker diciéndole que ve buenas perspectivas para el futuro, pero no en Arlés sino en la Martinica, a donde piensa regresar al año siguiente. Esto supondrá la volatilización de los grandiosos planes de Van Gogh sobre el *Atelier du Midi*.

En vista de que las diferencias en lo artístico y en lo personal se manifiestan con claridad creciente, «Vincent y yo –explica ahora Gauguin a Émile Bernard– coincidimos en general muy poco, sobre todo respecto a la pintura» (Cartas, 6, 68)–, los dos cuadros de las sillas realizados por Van Gogh en la segunda mitad de noviembre de 1888 constituyen una especie de llamamiento a la convivencia. Los cuadros tienen el mismo tamaño y se han de entender, por tanto, como emparejados. Uno de ellos –*La silla de Van Gogh*– muestra a la luz diurna una silla sencilla y campesina sobre cuyo asiento de paja se hallan el tabaco y la pipa; la otra –*La silla de Gauguin*– es un sillón más cómodo representado como escena nocturna con una vela y libros y cercano estilísticamente a la manera de pintar de Gauguin.

En la parte superior izquierda del cuadro de la silla de Gauguin hay una luz de gas –Van Gogh la había hecho instalar expresamente con motivo de la inminente llegada de su colega y había comprado para él aquella silla confortable–. Así, a primera vista, el cuadro es una demostración de las ventajas de la convivencia en el *Atelier du Midi*. El emparejamiento de los cuadros habla de la esperanza de poder seguir manteniendo esa vida en común en un momento en que Van Gogh confiesa a su hermano:

> Creo que Gauguin está harto hasta cierto punto de la buena ciudad de Arlés, de la pequeña Casa Amarilla donde trabajamos y, sobre todo, de mí [...] Creo que va a tomar, sin más explicaciones, la decisión de marcharse o de quedarse (565).

El hecho de que las sillas estén vacías transmite, en una segunda consideración, la sospecha de Van Gogh sobre el fracaso de aquella convivencia, que habrá de entender necesariamente como el de sus grandes planes para una futura comunidad de artistas y sus promesas de futuro.

Tras la ruptura

Poco después de la realización de los cuadros de las sillas, con su carácter de llamamiento, se produce el escándalo. El 23 de diciembre, Van Gogh se corta el lóbulo de una oreja –«el lóbulo, no la oreja», según escribe Paul Signac tras una visita a Arlés (Cartas, 6, 292)–. Van Gogh ingresa en el hospital; Gauguin se marcha probablemente el 25 de diciembre. Apenas dado de alta, en enero de 1889, el herido pinta un cuadro programático, la *Naturaleza muerta con tablero de dibujo*.

Sobre un tablero de dibujo, útil de trabajo del artista, yacen, entre otros objetos, los que habían estado distribuidos anteriormente encima de las dos sillas: la pipa y el tabaco, el libro y la vela. Los atributos de los dos artistas se completan con una carta, unas cebollas con brotes y –a ambos lados del tablero– una botella de absenta y una jarra de vino. El libro es una introducción sobre cómo curarse uno mismo, es decir, una alusión al restablecimiento de la salud. La carta es de Theo, que siempre le enviaba dinero por ese medio. La vela que arde representa tradicionalmente la vida. La botella, la jarra y las cebollas significan el sustento diario. La pipa y el tabaco fueron calificadas muy a menudo por Van Gogh como elixir de vida y medio de salvación frente a la idea de darse por vencido; en momentos de tensión, escribe, sólo hay una cosa que le ayude a aliviarse y distraerse: «[...] aturdirse entregándose diligentemente a la bebida o fumando mucho» (507); y las dos cosas sirven también para estimular el deseo del intenso tono amarillo, citado una vez más mediante el color del tablero de dibujo. Y el propio tablero de dibujo nos dice que no nos hallamos ante una escena de mesa cualquiera, sino ante una temática de artista.

Esta naturaleza muerta es, evidentemente, un recuerdo de las esperanzas depositadas por Van Gogh en la convivencia y el trabajo en común. Al mismo tiempo, y a pesar de todas las decepciones, escribe que, en caso de necesidad, podrían volver a comenzar juntos desde el principio. El cuadro expresa esa ilusión. Sobre el tablero de dibujo no aparece ninguna obra artística sino metáforas del sustento, la curación, la vida, el estímulo, la distensión, la seguridad económica: las condiciones para la esperada comunidad de artistas. Lo que había fracasado en la realidad es conjurado de nuevo en el cuadro.

Debemos considerar en todo ello qué es lo que retiene a Van Gogh en Arlés: Van Gogh pinta «*por necesidad, para no sufrir tanto interiormente*» (513). La realización de cuadros es su respuesta creativa a todo lo que siente y padece, y siempre está también biográficamente fundamentada. Es algo en lo que debemos pensar al formular cualquier interpretación.

Por eso resultan instructivas las intenciones de Van Gogh sobre tres cuadros realizados anteriormente. A principios de enero de 1889 ha concluido el cuadro *La Berceuse,* mencionado más arriba, inspirado en Gauguin por su carácter aplanado y decorativo. Sobre un fondo abigarrado aparece sentada una mujer con un cordón en la mano, del cual dice Van Gogh que acaba en una cuna mantenida en movimiento por ella. El cuadro se caracteriza por un vigoroso contraste entre rojo y verde. Su intención es mostrarnos la personificación de una fuerza primigenia, sencilla y amorosa mediante una referencia a las figuras populares de los pliegos de cordel: una *madonna* secularizada destinada a dar consuelo a las personas solitarias.

En una carta a Theo acompañada de un boceto, Van Gogh recomienda combinar *La Berceuse* colgándola con dos cuadros de girasoles (figura 6), y explica que las tres obras deberían constituir «en cierto modo un tríptico», y lo argumenta formalmente: «Gracias a la vecindad de los dos cuadros laterales, los tonos amarillo y naranja de la cabeza destacarán con mayor luminosidad» (592). Pero esta combinación no se agota en lo formal.

Cuando Van Gogh comienza a pintar *La Berceuse,* Gauguin se encuentra todavía en Arlés; ambos discuten el cuadro. Nada más dejar el hospital después del incidente, Van Gogh se pone a trabajar en el cuadro, realiza enseguida otras versiones y desarrolla las ideas acerca del tríptico. La combinación triple no se puede separar de ese trasfondo biográfico. Van Gogh sabe que Gauguin admira los cuadros de los girasoles; en el central –el de *La Berceuse*– remite directamente a los principios pictóricos de Gauguin. En los laterales ofrece una demostración de su propia pintura tonal mediante la idea del «tono amarillo intenso» en relación con una pintura futura, mientras que en la parte central acepta el procedimiento de la «abstracción» de Gauguin recurriendo al contraste complementario de colores fuertes.

En los tres paneles se contraponen, pues, estos dos pares de elementos: la pintura tonal y de contraste, el estudio de la naturaleza y la «abstracción» –que ha de referirse respectivamente a Van Gogh y a Gauguin–. A ellos se suma un tercer entrecruzamiento: lo que se atribuye a Van Gogh causa admiración en Gauguin. Se supone que en la combinación tripartita de *Berceuse* y girasoles debemos ver el intento pictórico tal vez no de una síntesis artística sino, más bien, de una unión simbólica de los planteamientos y posturas artísticas que tendrían que haber constituido la base para la comunidad de artistas, pero que luego resultaron ser incompatibles.

En el momento en que, con la brusca partida de Gauguin, se hicieron añicos los sueños de la comunidad de artistas, Van Gogh vuelve a enfrentar, asignándoles igual valor, los dos principios básicos del arte futuro que habían conducido a la ruptura. El cuadro central de Van Gogh es aquí, en cierto modo, el sustituto del ideal, es decir, de la aportación no realizada de Gauguin. Así, el tríptico funciona como propuesta para una fórmula común en los comienzos de la modernidad.

Consciente de la ruptura, Van Gogh vuelve a conjurar por última vez la visión de una unidad. Las oposiciones artísticas, así como las de mentalidad y carácter, se hallan presentes en la disposición de los cuadros con su coloración agitada y su equilibrio entre contorno y superficie, con su intensa aspiración a la verdad ante la naturaleza y su anhelo de una pintura tranquilizadora y decorativa, pero también aparecen superadas en una nueva totalidad de la que estas tensiones son constitutivas.

Aquí, los girasoles de los paneles laterales adquieren un nuevo significado. El florecimiento y la extinción, expresados con colores violentos, encuentran un estado intermedio en *La Berceuse* en cuanto *madonna* secularizada y su simbolismo del amor. Van Gogh escribe en ese momento que quiere pintar cuadros de consuelo para corazones desgarrados. La naturalidad apacible y el calor de la nodriza aportan ese consuelo que se halla oculto en los girasoles. El simplismo latente y vital del amor en los girasoles se hace así evidente por medio del panel central.

Durante las semanas y los meses que siguen a la partida de Gauguin, las esperanzas y fracasos son el tema do-

6. Idea para un tríptico con *La Berceuse* y *Girasoles,* esbozo en la carta 592 a Theo van Gogh, 22 de mayo de 1899. Museo Van Gogh, Amsterdam.

minante del que se queda. El famoso *Autorretrato con la oreja vendada,* realizado asimismo en enero de 1889, vuelve a tener como tema el arte y la situación del pintor como artista (ilustración de la portada). Van Gogh se muestra aquí durante el proceso de curación con las heridas que se había infligido. Tras él aparecen, contra la pared, tres objetos: a la izquierda el caballete; a la derecha, un grabado japonés en color, y en el margen derecho del cuadro, la sección de una ventana. Los tres motivos aluden a su actividad artística: el caballete, como campo de realización y atributo de esa actividad; la ventana, como posibilidad de dirigir la mirada a la naturaleza estimulante; el grabado japonés en color, como signo de la visión de un arte nuevo. En el estado de mutilación, el sueño de la gran renovación creativa se conjura desde la ficción del sur japonés. Arlés y la herida son la realidad actual y mala; Japón y el arte, los puntos de partida hacia una esperanza tanto más intensa.

Este retrato es una reflexión radical y rigurosa acerca de sí mismo en una situación de desesperación y desencanto: ante el lienzo casi vacío que constituye un reto de futuro aparece el artista en estado de incertidumbre e inseguridad, víctima del rechazo o del desprecio, pero también como alguien que no renuncia a la esperanza en el nuevo arte.

Un arte futuro

En mayo de 1888, Van Gogh escribía desde Arlés sobre el nuevo arte:

> Sentimos [...] que este asunto es mayor que nosotros y de una duración superior a la de nuestra vida [...] Nosotros significamos poco, y pagamos un fuerte precio por ser un eslabón en la cadena de los artistas: pagamos con nuestra salud, con nuestra juventud, con nuestra libertad, que nunca nos hace sentirnos contentos, como tampoco se siente contento el jamelgo que tira de un coche cargado con gente que sale feliz de excursión un día de primavera (489).

Van Gogh pensaba constantemente en el arte como una institución que le sobreviviría. Los excursionistas que salen felices un día de primavera eran, en su opinión, las futuras generaciones de artistas que, liberadas de la presión de quienes les oponían resistencia, se dedicarán al nuevo arte en una sociedad distinta mejor y más libre, apoyándose en lo creado por sus precursores entre penalidades y sacrificios. En Arlés, tras las decepciones derivadas del planeado *Atelier du Midi,* desapareció para él toda esperanza de alcanzar el éxito público: «Gauguin y yo debemos [...] aguantar el cerco que nos impone la falta de éxito, que durará *toda nuestra vida»* (524).

No obstante, su fe en el futuro del arte se hizo más sólida y fue su elixir vital en ese momento. Así lo explicaba en carta a Émil Bernard:

> Yo, que barrunto un nuevo mundo, creo con total firmeza en la posibilidad de un renacimiento inaudito del arte [...] Tengo la impresión de que nosotros servimos únicamente como intermediarios, y sólo a la próxima generación se le concederá vivir en paz (B 19a).

Y dirigiéndose a Gauguin añadía: «Es probable que entreguemos nuestra vida por una generación de pintores que perdurará mucho tiempo» (553a). Cuando, además, comentaba que se sentía «tocado por la muerte y la inmortalidad» (489), se estaba refiriendo a la muerte física y a la inmortalidad del arte. Eso mismo, justamente, es lo que se puede discernir en cuadros como los *Girasoles* o el *Autorretrato con la oreja vendada:* la muerte de la naturaleza y la certidumbre de la supervivencia del arte y *en* el arte.

Internamiento

En julio de 1888, Van Gogh había escrito ya en Arlés esta frase aterradoramente clarividente:

> La tradición oficial y agusanada se mantiene todavía en pie, pero, en el fondo, es impotente e inactiva; los nuevos pintores, solitarios y pobres, son tratados como locos, y a consecuencia de ese trato enloquecen efectivamente, al menos en lo que respecta a su vida social (514).

¿Cómo debemos imaginarnos a ese Vincent van Gogh del año 1888? Quizá, tal como lo caracterizaba Theo por aquellas fechas en una carta a su mujer Johanna en la que sopesaba sus palabras:

> Como bien sabes, ha roto desde hace tiempo con todo lo que llamamos convenciones. Su manera de vestir y sus ademanes permiten reconocer enseguida que es una persona especial, y hace años que quien lo tiene ante sus ojos dice: ése es un loco [...] Le es imposible mantener una relación indiferente con la gente [...] Hasta a sus mejores amigos les resulta difícil tratar con él, pues no se muestra considerado con nada ni con nadie (Cartas, 6, 414).

A comienzos de 1889 sufrió varios ataques de nervios, periodos en los que estaba anímicamente ausente. En aquellos momentos, Van Gogh no pintaba ni escribía. Y aunque ya era un marginado, fue objeto de una exclusión todavía mayor. El hecho de reaccionar con tozudez y resultar a veces impredecible, de ejercer un oficio poco útil en opinión de sus vecinos y ser, además, un extranjero que, si bien hablaba francés, no dominaba el dialecto provenzal, lo distanció de la comunidad desde el primer momento.

Ochenta ciudadanos de Arlés dirigieron entonces una solicitud a su alcalde para que se internara a Van Gogh a fin de que no les causase ningún daño. No se le acusaba, ciertamente, de nada punible, pero, a finales de febrero, Van Gogh tuvo que ingresar en una celda cerrada: «Los nuevos pintores, solitarios y pobres, son tratados como locos...». Hasta sus obras fueron puestas a buen recaudo y se le arrebató la Casa Amarilla.

Van Gogh temía que, si se resistía, lo declararan sin paliativos loco peligroso. En este momento se hizo realidad algo que se había insinuado ya en La Haya a instancias de su padre. La burguesía recurrió al internamiento para liberarse de aquel contumaz. Y Van Gogh vio el peligro de que la excitación vinculada a todo aquello, el alejamiento forzoso del caballete y la exclusión social pudieran convertir los trastornos pasajeros en una dolencia crónica que tal vez lo paralizara por completo. Para escapar de los ataques y la arbitrariedad, y porque, además, se daba cuenta de que llevaba en su interior una enfermedad, decidió ingresar voluntariamente en un sanatorio, «por mi propia tranquilidad y también por la de los demás» (585).

Tras una visita a Arlés en marzo de 1889, Paul Signac informaba de que había encontrado a Van Gogh «en un estado de salud y claridad intelectual perfectas». La dificultad radicaba en que el «vecindario le es hostil»; «por su parte, su único deseo es poder trabajar tranquilo» (Cartas, 6, 413).

Se aconsejó a Van Gogh que solicitara ser admitido en el hospital mental de Saint-Paul-de-Mausole, en la localidad de Saint-Rémy-de-Provence. El pintor desechó la propuesta de Theo de ir de momento a París durante un tiempo o marchar a Pont-Aven, pues no se creía lo bastante sano para hacerlo.

Saint-Rémy, 1889-1890

Conflictos con la sociedad

Van Gogh llegó a Saint-Rémy, a unos 30 kilómetros escasos de Arlés, a comienzos de mayo de 1889. El hospital psiquiátrico se hallaba en un antiguo convento de agustinos de los siglos XII y XIII y contaba con dos edificios anejos construidos a principios del XIX para los pacientes. Hoy se conservan todavía un pequeño claustro y la iglesia. A Van Gogh se le asignó una celda y un cuarto aparte para trabajar. En los periodos entre ataques graves, que se producían ahora esporádicamente –en la actualidad se habla de psicosis epileptoide, aunque debido a la falta de historial clínico sólo disponemos de unos pocos puntos en que apoyar ese diagnóstico–, el pintor razonaba con claridad, así que podía trabajar sin verse afectado en absoluto. En cambio, en las fases en que sufría la enfermedad no se hallaba en condiciones de pintar. El año que pasó en aquel centro psiquiátrico debe considerarse un periodo de su vida verdaderamente trágico.

El centro, parcialmente cerrado, alejó a Van Gogh de los contactos sociales normales y le impidió cualquier relación intelectual. En las primeras cartas enviadas desde Saint-Rémy informa en repetidas ocasiones sobre aquel desquiciado mundo de los enfermos mentales. Van Gogh escribía un tanto extrañado a su cuñada:

> Aunque aquí se escuchan constantemente gritos espantosos y chillidos horribles, como los de los animales de un zoológico, las personas que se hallan en este lugar se conocen muy bien y se ayudan unas a otras cuando sufren un ataque. Cuando pinto en el jardín, acuden todos y se quedan mirando, y puedo asegurarte que son más reservados y corteses y me dejan más en paz que, por ejemplo, los buenos ciudadanos de Arlés (591a).

Sigue siendo un completo misterio cómo pudo Van Gogh alcanzar una productividad creativa tan incomparable en aquel único año y bajo las circunstancias descritas.

El conflicto que podemos seguir aquí paso a paso tomando como ejemplo a Vincent van Gogh y en paralelo con su evolución artística estalló de la manera más agudizada en las décadas de 1880 y 1890 donde quiera que algún artista se lanzaba a la renovación del arte afirmando la subjetividad de sus puntos de vista, poniendo en práctica la independencia de los medios representativos y planteando con sus obras preguntas incisivas a la realidad.

En el ámbito de lo social, esos conflictos demostraron ser de especial gravedad cuando los artistas no trabajaban en París o en un centro del arte, sino en la periferia, como Van Gogh en Arlés, Paul Cézanne en Aix-en-Provence, James Ensor en Ostende, Edvard Munch en el fiordo de Oslo, Ferdinand Hodler en Berna o el sueco Ernst Josephson en la isla bretona de Bréhat.

Todos los revolucionarios del arte de finales del siglo XIX tuvieron que experimentar en sus propias carnes el que su trabajo subjetivo no fuera solicitado por la sociedad. En el conflicto entre una búsqueda incondicional de la verdad y la necesidad de reconocimiento social, aquellos artistas, obligados a existir sin clientes, sin mecenas y sin un foro artístico, se convirtieron inevitable e involuntariamente en solitarios. Quedaron expuestos sin defensa alguna a los prejuicios y la oposición de los burgueses. Al mostrarse independientes de los salones y academias oficiales –que los rechazaban y, a la vez, eran rechazados por ellos–, así como de las pretensiones representativas del Estado, se vieron obligados a legitimar su arte por sí mismos, legitimación que les negaba su propio entorno, a menudo incluso sus familias, y hasta el mundo profesional establecido.

Quienes actuaban como autoridad secreta para imponer un orden no eran sólo los miembros de la burguesía, sino también, precisamente, sus compañeros de profesión: en Noruega, el escritor Bjørnsterne Bjørnson exigió en 1891 que se privara a Edvard Munch, que gozaba de una salud inmejorable, de una beca estatal recién concedida porque, como podía ver cualquiera que contemplase sus cuadros, estaba enfermo, según Bjørnson. En 1892, los artistas que organizaron una gran exposición de obras de Munch en Berlín la clausuraron poco después de su inauguración debido a las sospechas de que se trataba «de una iniciativa indigna».

Ensor encontró estímulos en el grupo de secesionistas de Bruselas «Les XX», pero como siguió practicando su pintura subjetiva de manera totalmente consecuente, fue rechazado también por ese mismo grupo:

> Sufría intensamente –escribió Ensor– ante las risas o el espanto de la gente, un comportamiento generalizado entre la burguesía. Entonces aprendí a despreciarla, y ese sentimiento no se ha extinguido nunca del todo (Ensor, 1972).

Debido a aquel desprecio, su arte se radicalizó aún más. A los treinta y cinco años, Ensor estaba agotado, consumido por la apasionada tensión de transmitir la contradicción entre el individuo artista y la sociedad.

Ernst Josephson polemizó, como miembros del grupo sueco de los Opositores, contra el academicismo imperante y las complicidades entre intereses hostiles al arte. Sin embargo, sus compañeros artistas lo consideraron demasiado poco dispuesto a aceptar compromisos y tuvo que abandonar el grupo. En una carta a sus colegas expuso la desesperada situación del proscrito por oponerse a ideas y expectativas tradicionales:

> Me doy cuenta de que estoy de sobra en todos los sentidos y, hablando francamente, soy inviable para la asociación [...] Adiós, queridos amigos, no seáis demasiado malos conmigo, mis intenciones han sido siempre buenas *(Vor der Zeit,* 1984).

Van Gogh había observado en Saint-Rémy:

Si, a pesar de todo, queremos trabajar, deberemos sobrellevar la dureza constante de esta época y nuestro aislamiento, que a menudo es tan difícil de soportar como una vida en el exilio. –Y añadía una terrible conclusión–: Ante nosotros, tras estos años de pobreza medio perdidos, se halla la enfermedad, la vejez, la locura, y siempre el exilio (W 13).

La risa maligna de la que hablaba Ensor no tardó en ser el pan de cada día. En 1886, con motivo de una exposición, Munch tuvo que escuchar «gritos y carcajadas»; las obras de Hodler fueron recibidas con «exclamaciones y risas»; Gauguin informaba de la presencia de pandillas «que vociferan ante mis cuadros». Luego, la opinión pública reaccionaba dictando un veredicto de enajenación mental. Todos, Munch y Van Gogh, Hodler y Josephson, recibieron la misma sentencia.

En casos extremos se encerraba a aquellos molestos individuos, como Van Gogh o Josephson; eran gestos defensivos de un público cuyas normas estéticas y morales y cuya seguridad en sí mismo habían zarandeado. Esos gestos acompañarán de formas distintas y poderosas a toda la modernidad, justificándola así una y otra vez.

El discurso explicativo de la enfermedad mental tuvo repercusiones en los propios artistas. Así, en 1887, Ensor buriló la frase: *«Ensor est un fou»* ['Ensor es un loco'], en el aguafuerte *El meón;* y cuando Munch pintó *El grito* en 1893, escribió enseguida él mismo en el cielo rojo ardiente: «Sólo ha podido ser pintado por un loco». Josephson se encerró en su propio mundo de locura. Munch se derrumbó en 1908, cuando ya había superado lo peor. Van Gogh había presagiado ese futuro inevitable, según acabamos de citar:

> Los nuevos pintores, solitarios y pobres, son tratados como locos, y a consecuencia de ese trato enloquecen efectivamente, al menos en lo que respecta a su vida social (514).

En esta situación conflictiva, las obras se radicalizaron, lo cual hizo verdaderamente difícil al público acceder a las mismas. Munch señalaba en 1891: «Siento que me alejo cada vez más del gusto del público. Siento que aún he de provocar mayores disgustos» (Stang, 1979).

Antonin Artaud dio la vuelta al argumento en una acerada discusión contra los veredictos de enfermedad dictados por los burgueses –su texto, del año 1947, se titula «Van Gogh, el suicidado por la sociedad»–. La locura sería, según él, una salida legítima para liberarse de las ataduras de una sociedad endurecida y deshumanizada. La modernidad –tanto la artística como la literaria– constituía, efectivamente, una acusación constante contra el materialismo, la deshumanización y la falta de moral de la sociedad industrial contemporánea, cuyos miembros, según puede observarse en el caso de Van Gogh, se ponían a la defensiva. Van Gogh había caído en la locura, según Artaud, para poder hacer realidad su imagen verdadera y enfática de las circunstancias:

> Pues un enfermo mental es también una persona a la que la sociedad no ha querido escuchar, impidiéndole, además, expresar verdades insoportables.

La sociedad se vengó de Van Gogh. Su muerte fue, por tanto, un suicidio «ejecutado por la sociedad».

Los «sentimientos modernos»

En los primeros tiempos de su estancia en Saint-Rémy sólo se permitió a Van Gogh pintar dentro del establecimiento y en la zona del jardín del asilo reservada a los hombres. Un guache de gran formato titulado *Ventana del taller de Van Gogh en el asilo* (figura 7) muestra la ventana enrejada de su celda; en el antepecho aparecen útiles de pintura, y en las paredes, dibujos y cuadros. En la imagen no se ve al pintor, que está sin embargo presente en sus instrumentos y sus producciones.

La ventana ofrece una pequeña vista –reducida por añadidura debido a la perspectiva en diagonal– de aquella naturaleza a la que ahora le está prohibido acceder. Van Gogh pinta como un recluso los límites de su minúsculo mundo. Los cuadros de la pared y la vista entre rejas dan testimonio de la naturaleza, que es la razón de su existencia como pintor y de la que lo han apartado. La claridad de la naturaleza, la propia naturaleza, es sólo una esperanza; la realidad, en cambio, es la situación opresiva de hallarse encerrado.

A finales de mayo de 1889, Vincent Van Gogh escribía a Theo:

> A través de la ventana enrejada tengo vistas a un trigal cercado [...], sobre el cual veo salir el sol por la mañana con toda su magnificencia (592).

7. *Ventana del taller de Van Gogh en el asilo,* guache, Saint-Rémy, últimos de mayo/primeros de abril de 1889. Museo Van Gogh, Amsterdam.

Esta visión a través de las rejas se recoge en el lienzo titulado *Campo verde de trigo a la salida del sol* (lámina VI). El pintor explicó a Émile Bernard:

> Otro cuadro representa una salida de sol sobre un campo de cereal joven; líneas en fuga, surcos que ascienden subiendo por el cuadro hacia un muro y una cadena de colinas de color lila. El cuadro es violeta y amarillo verdoso. El sol blanco está rodeado por una gran corona amarilla de rayos. En el cuadro he [...] querido expresar sosiego, una paz profunda (B 21).

Al comparar esta vista sobre el trigal y el muro que delimita la propiedad del asilo con fotografías correspondientes, nos damos cuenta plenamente de la vertiginosa deformación de perspectiva de la vista pintada. El campo está plegado hacia adelante –un procedimiento de desorientación desarrollado ya por Van Gogh en Arlés (lámina II)–, pero lo importante aquí es, además, el corte extraordinariamente audaz y abrupto que recorre el cuadro con ayuda del muro fuera de plomada, que, con su forma ondulante y verde, resulta aún más inestable.

Este muro que separa un ámbito interior espacialmente desquiciado de la región exterior topográficamente ordenada, con sus campos, la casa y las montañas, es el tema principal propiamente dicho del cuadro, lo que lo traba y, al mismo tiempo, lo hace saltar por los aires. La mampostería del muro, de color azul, sujeta los ángulos opuestos del cuadro, proporcionando así a toda la imagen una tensión inaudita y no resuelta.

Con este cuadro, Van Gogh quería transmitir, según la cita anterior, sosiego y paz, pero lo que se comunica es más bien la impresión de una tensión acrecentada hasta el extremo.

¿Cómo encajan ambos conceptos? Pongámonos en el punto de partida de Van Gogh. El artista, que toma su inspiración de la naturaleza y para quien la luz del sur significa la promesa de un arte futuro, tiene ante sí esa naturaleza y esa luz, pero se halla entre rejas. No puede acceder a lo que ve desde allí ni puede experimentarlo o vivirlo de manera inmediata y física –y, sin embargo, para él, la condición ineludible del proceso de inspiración es propiamente ésa–. El pintor representa una naturaleza perceptible pero no transitable y, sobre todo, no vivenciable de manera inmediata. El campo cercado y el mundo situado más allá, excluido totalmente por los límites del muro, aparecen como la posibilidad de inspiración que, en este momento, le resulta inalcanzablemente cerrado. El muro es la metáfora que lo domina todo.

Por otra parte, el exterior es para Van Gogh un lugar aterrador de enfrentamiento.

> Cuando me hallo en campo abierto –escribe a su hermana desde Saint-Rémy en el otoño de 1889– me invade desde que era niño una sensación de soledad tan terrible que no me atrevo a salir fuera (W 14).

En su encierro se ve en una situación de amparo, aunque sea impuesto, en un estado a partir del cual la imaginación impone sus derechos. Pero al fijar las tensiones y las terribles experiencias, la propia imaginación se apresta a superarlas.

El objetivo es el sosiego y la paz, pero antes es necesario elaborar el virulento desasosiego interior. Meyer Schapiro ha concebido así este proceso en su monografía sobre Van Gogh de 1964:

> Es como si en su condición, extremadamente delicada, hubiese considerado más saludable para su dolencia transformar esos brotes de sentimientos en las formas controlables de la pintura, en vez de reprimirlos y ver cómo volvían a surgir luego en alucinaciones más inquietantes e incontrolables.

Resulta interesante observar cómo Van Gogh añadió a renglón seguido de la descripción de su *Campo verde de trigo a la salida del sol* (lámina VI), enviada a Émile Bernard, unas observaciones sobre cuestiones referentes a la iconografía contemporánea. Según él, para conjurar, por ejemplo, «la impresión de miedo» no se podían emplear ya temas pictóricos tradicionales, pues la experiencia actual era demasiado fuerte como para hallar cabida en figuraciones convencionales:

> La realidad moderna se ha adueñado de nosotros de tal modo que, hasta cuando intentamos imaginar los viejos tiempos, los pequeños acontecimientos de nuestra vida nos arrancan de esas reflexiones y nuestras pequeñas aventuras nos arrojan de nuevo a las sensaciones personales de alegría, aburrimiento, sufrimientos, cólera y sonrisa.

Las «sensaciones personales», por las que ahora se interesaba el arte, eran más intensas de lo que podía transmitir la iconografía tradicional. Por tanto, había que encontrar otra nueva.

Esa iconografía nueva se basaba, ciertamente, en la experiencia personal, pero «siempre prevalecen los posibles sentimientos modernos, que nos son comunes a todos nosotros» (B 21).

Surge aquí como de pasada un postulado de naturaleza asombrosamente programática. El fundamento del arte moderno se formula con suma concisión: en primer lugar se afirma la preeminencia del sentimiento subjetivo, que deberá ocupar el lugar de parábolas, símbolos, metáforas y alegorías heredadas, lo cual conducirá al mismo tiempo a la creación de una iconografía nueva e individual. Van Gogh había experimentado reiteradamente en Arlés ese tipo de carga subjetiva de temas completamente cotidianos.

En segundo lugar, el factor determinante deberían ser los «sentimientos modernos», que, en el caso de Van Gogh, eran también los sentimientos de la descomposición del mundo, la conciencia de su disociación.

En tercer lugar se afirma que la reacción subjetiva tiene una base colectiva. Los «sentimientos modernos» serían «comunes a todos nosotros» –la expresión «todos nosotros» se refiere, por supuesto, a quienes piensan de la misma manera–. Se admite tácitamente que ni siquiera la formulación artística más subjetiva es asunto exclusivo del sujeto, sino que podría reivindicar también una función determinante para quienes piensan y sienten de la misma manera que él.

Este credo es el fundamento decisivo de la modernidad. El sujeto que crea nuevas imágenes y, por tanto, nuevas interpretaciones a partir de sí mismo –sin encargos ni demanda– cuenta con que, al expresar su propio yo, formula al mismo tiempo una relación contemporánea con el mundo, generalizable, a su vez, gracias a una conformidad tácita y dotada, por tanto, de un fundamento objetivo.

De esa condición previa es de donde parte quien intenta interpretar hoy día los cuadros de entonces: por un lado los entendemos como específicos del sujeto que los creó, y, por otro, como característicos también del momento histórico en que el sujeto reacciona ante la realidad y el arte y, sirviéndose de sus propios medios pictóricos, da a esa reacción una figura desconocida hasta entonces.

Parábola de la naturaleza y autobiografía

Tras la primera fase de su internamiento, se permitió a Van Gogh trabajar también fuera del cercado en compañía de un guardián. En septiembre de 1889, después de haber sufrido un ataque, realizó el *Trigal con segador*, precisamente dentro de los muros protagonistas del *Campo verde de trigo a la salida del sol:* tras el extenso trigal se recupera ahora el muro como delimitación frente a los campos verdeazulados, el cielo y el intenso sol.

> Estoy luchando con un cuadro que comencé unos días antes de sentirme mal: un segador; el estudio está pintado todo en

amarillo, con una aplicación tremendamente densa, pero el tema es hermoso y sencillo (604).

Habla también del «ardiente calor del verano sobre el trigo llevado a la incandescencia» (608).

Van Gogh añadió a esta descripción una explicación del contenido:

> En el segador veo [...] una figura indefinida que, en medio de un calor abrasador, arremete como un demonio para acabar el trabajo; en él veo una imagen de la muerte, en el sentido de que los seres humanos son el trigo que él abate con la hoz.

Sería, pues, la antítesis del sembrador de su experimento de Arlés.

> Pero esta muerte no tiene nada de triste, todo ocurre a la clara luz del día, con un sol que lo inunda todo con una delicada luz dorada (604).

El trigal se descompone en retorcidos remolinos debido a las pinceladas impulsivas y la aplicación directa de la masa de pigmento. Lo que capta la vista es, antes que nada, esa densa masa de color en variantes de amarillo –«He vuelto a enfrentarme una vez más a este maldito problema del amarillo» (B 21)–, pero también, a continuación, la estructura dinámica de fondo como expresión de las torsiones psíquicas. Perdido en medio, el segador en verde, al que Van Gogh –recurriendo al parecer, a fin de cuentas, a una metáfora tradicional, aunque interpretándola a su manera– veía como la muerte.

Poco antes había escrito a su hermana:

> ¿Acaso quienes vivimos del pan no somos nosotros mismos trigo en una proporción considerable?; ¿no deberíamos resignarnos a crecer como una planta, incapaces de movernos y de lograr lo que nuestra fantasía desea a menudo, y ser segados cuando hayamos alcanzado la madurez, como el trigo?

En esta explicación, la naturaleza aparece como una parábola del ser humano, aunque, según se deduce de las frases siguientes, Van Gogh la entendía de manera decididamente más concreta:

> Creo, y te lo digo, que lo más inteligente para mí sería no querer comenzar de nuevo, no querer ya recuperar las fuerzas, como ahora; probablemente me acostumbraría a quebrarme un poco antes o un poco después, ¿qué más me da? (W 13).

Como esta declaración aparece a renglón seguido de la parábola del trigo, es de suponer que, con el trigal, Van Gogh se refería a la entrega de la propia vida. En otro pasaje de la carta, sospechamos esta vinculación entre parábola de la naturaleza y motivación biográfica:

> El «segador» está acabado, según creo; es algo que tú te llevarías a casa; es una representación de la muerte, tal como nos habla de ella el gran libro de la naturaleza; pero lo que yo pretendo aquí es presentarla casi «sonriente» (604).

Se trata de una imagen de la muerte que inspira confianza.

Esta temática de la muerte ocupó la atención de Van Gogh en varias ocasiones en Saint-Rémy. En Arlés, a pesar de las circunstancias adversas, y aunque no tenía ninguna perspectiva fundada de alcanzar el éxito externo, se había sentido lleno de esperanza, y con su grandiosa *décoration,* sus reflexiones sobre una comunidad de artistas y sus planes para un *Atelier du Midi,* había trabajado lleno de confianza en ideas visionarias, mientras que la fase de Saint-Rémy estuvo caracterizada por la resignación. La orgullosa idea de un arte nuevo liberado desde el sur pasó a un distante segundo plano. «No veo ya —escribía a su hermano— posibilidad alguna de recuperar el ánimo o la esperanza» (601); y a su hermana, según hemos citado, le decía que tendría que acostumbrarse a «quebrarse un poco antes o un poco después». En esta situación de falta de horizontes le quedaba como esperanza productiva la creación de cuadros, además de la posibilidad de dejar que la esperanza germinara simbólicamente en las imágenes.

La muerte «casi sonriente» a la luz clara del sol constituye uno de esos temas; otro son las estrellas. Cuando Van Gogh pinta en Saint-Rémy un convulso cielo estrellado *(La noche estrellada,* junio de 1889), no representa únicamente un fenómeno de la naturaleza, y tampoco se refiere a la soledad y el abandono, sino que quiere «expresar la esperanza mediante una estrella» (531).

En este sentido comentó en cierta ocasión que las estrellas corresponden en el cielo a las marcas negras de señalización de lugares en el mapa. No estaría mal que en otra estrella –en uno de esos lugares celestes– hubiera una vida futura. Al circundar Van Gogh las estrellas, en *La noche estrellada,* con halos de luz pulsantes que recuerdan las aureolas de sus autorretratos, al prestarles así una especie de corona de santidad, puso de relieve su deseo de expresar con ellas algo más que su apariencia astronómica, a saber, una «cierta eternidad» (531) que promete la liberación de las penalidades y tormentos terrenales.

Psicogramas

El hecho de que los cuadros pintados por Van Gogh en Saint-Rémy no se caracterizaran ya a excepción de *El segador* por el «tono amarillo intenso» ni por los contrastes complementarios de los colores primarios guarda relación, al parecer, con el cambio fundamental experimentado en su vida y, desde luego, con unas nuevas concepciones. En el museo de Montpellier, que él visitó desde Arlés en compañía de Gauguin, le llamaron en especial la atención algunas obras de Delacroix y Courbet realizadas en tonos medios que ahora pasaron a sus cuadros. Cuando pintó los árboles del asilo, unos olivares en otoño, una cantera cercana o paisajes nocturnos, aplicó tonos oscuros mezclados y a menudo terrosos (lámina VIII), una tonalidad completamente nueva por comparación con los cuadros de Arlés. En este caso empleó también el contorno negro que entenebrece los colores y que habría de retornar dos décadas más tarde en Henri Matisse para convertirse, finalmente, en un método expresivo determinante en la obra de Max Beckmann.

En conjunto, estos cambios no son sólo una cuestión de estilo cromático. Hay que sospechar aquí de nuevo referencias e, incluso, razones autobiográficas. La enfermedad le parecía entonces a Van Gogh una consecuencia del calor y de la radiante luz meridional, y no tardará en calificarla de «enfermedad del sur» (637). Si antes había dicho que era el elixir de la vida y que le estimulaba, ahora la sentía como algo destructivo. Y declaró que esperaba recuperar su equilibrio en el norte. El pintor preparó de manera sustitutiva este nuevo rumbo con su paleta: a partir de ese momento intentaría

> pintar con más contención, con tonos verdes mates, discretos y mezclados, con ocres rojos y amarillos óxido; ya te había dicho que de vez en cuando tenía ganas de comenzar de nuevo desde el principio con una paleta como la del norte (601).

En vista del fracaso de los grandes planes del sur, Van Gogh volvió a sentir nostalgia del norte, que ahora, sorprendentemente, pasó a ser la encarnación de aquella patria que todavía no había encontrado en parte alguna.

Los tonos apagados son también característicos de las notables representaciones de canteras. La estructura cúbica preexistente que llena casi toda la superficie del cuadro favorecía aquí un experimento formal cuyo propósito primordial no es la legibilidad de los objetos. Sólo una pequeña figura humana recuerda las dimensiones de la cantera.

Por lo demás, el tema se utiliza para poner en relación trazados de líneas de colores mixtos con el fin de crear la sensación de una formación plástica que se haga presente y viva mediante el brío impulsivo del pincel. En otras palabras: lo que se trabaja aquí por encima de todo no es el color sino la forma. En estas creaciones se alcanza un alto grado de abstracción por el hecho de que los medios representativos: el color, la grafía del pincel, la estructura del trazo y las capas de pigmento, se atienen a un orden específico propio del cuadro: no se desarrollan «desde la cabeza» sino a partir del tema.

En junio de aquel año de 1889, Van Gogh pintó en Saint-Rémy un cuadro que muestra en un primer plano unos cipreses oscuros sobre un cielo claro dramáticamente agitado. En el dibujo (figura 8) realizado *a partir* del cuadro, los árboles se convierten en una forma flamígera; en él se ha reducido todo lo accesorio, se ha acortado el espacio, y la intensidad general se traslada a la furiosa imbricación de líneas de lápiz en curva y en espiral: un estallido expresivo de imponente potencia configuradora.

Cuando Theo, deseoso siempre de que se le animara a vender esas obras, recibió el dibujo, escribió que lo encontraba más alejado de la naturaleza que en otros casos y que era, sin más, totalmente incomprensible. Theo se daba cuenta de que los medios de representación, aunque dependían todavía del objeto visto, se habían independizado considerablemente, y que para entenderlos había que acudir ahora a criterios completamente distintos, que no nacían de la realidad sino de una comprensión acentuada de la forma.

El cuadro correspondiente al dibujo se caracteriza por un impasto pesado, con carácter de relieve. Al principio,

8. *Cipreses,* pluma de caña, lápiz, pluma de ganso, Saint-Rémy, junio de 1889. Brooklyn Museum, Nueva York.

según Van Gogh, había trabajado el primer plano con blanco plomo, que «da firmeza al terreno» (596); luego había aplicado los demás colores. Son pigmentos sobre pigmentos, depositados muy deprisa, a menudo directamente desde el tubo, mezclados en ocasiones con partículas sólidas imposibles de eliminar, y aplanados a veces con los dedos o con cualquier material o mediante objetos superpuestos o presionados. Se dejan las huellas de la espátula, y el pincel se utiliza a menudo sin limpiar, de modo que aparecen estrías producto de la casualidad. El pigmento se hace deliberadamente visible como materia.

En los *Cipreses* nos encontramos, en general, con un procedimiento pictórico evidente y volcánico como plasmación inmediata de tensiones internas e impulsos incontrolados, un psicograma al que la materialidad del objeto le sirve de simple vehículo. El tema: un árbol cualquiera; el contenido: el interior del artista en el momento presente. Se trata de un aspecto que, según lo formuló Picasso, nadie deberá obviar ya en la época moderna.

Van Gogh escribió por entonces que un buen cuadro ha de testimoniar una «voluntad personal» que se muestra en «líneas profundamente sentidas»: «El cuadro comienza allí donde las líneas son firmes y deliberadas, aunque se exagere» (697). La «voluntad personal» es la subjetividad que todo lo penetra. «El cuadro comienza» allí donde esta voluntad encuentra la forma específica.

El cuadro era, pues, para Van Gogh, antes que nada, la plasmación de una profunda experiencia personal realizada en formas icónicas y tensas y en líneas firmes, una experiencia que sabe de sí misma que está yendo más allá de todos los límites experienciales existentes. En este sentido, el cuadro es el correlato subjetivo de una realidad previamente dada; más aún, la propia realidad experimenta su contenido mediante el cuadro cargado de tensión que la indica simbólicamente a través del color y su aplicación: el sentido de la realidad sólo se verifica en el proceso de creación subjetivo.

Las energías de colores en los cuadros y las energías de líneas en los dibujos se contraponen en el primer plano formando un torbellino. En los cipreses experimentan un impetuoso hacinamiento y, por tanto, una dirección que se dispara hacia lo alto debido a esa contraposición. «Estoy constantemente ocupado con los cipreses. Querría hacer con ellos algo parecido a lo de los cuadros de los girasoles.» Es evidente que Van Gogh pensaba en una serie, en el carácter emblemático de los girasoles y, posiblemente, en una respuesta de tonalidad oscura y, por tanto, escéptica a los tonos claros de los cuadros de girasoles y sus promesas de felicidad. Más adelante seguía diciendo:

> Pues me sorprende que nunca hayan sido pintados tal como yo los veo. En sus líneas y proporciones son tan bellos como un obelisco egipcio. Y el verde es un tono de un refinamiento tan especial. Es la mancha *negra* en un paisaje iluminado por el sol (596).

La expresión «mancha negra» alude al componente representado por el contenido del tema y ayuda a explicar la relación con los cuadros de los girasoles. La apariencia flameante y seria de los cipreses traídos a un primerísimo plano y monumentalizados, recortados en el borde superior del cuadro, tiene un tono contrapuesto al de los girasoles. Y en cuanto árboles de cementerio, los cipreses son por tradición símbolos de la muerte. Van Gogh no lo decía aquí de una manera tan directa; en la mayoría de los casos no remite con tanta transparencia a una interpretación icónica tradicional. Pero cuando habló de la «mancha negra» se refería, no obstante, a un opuesto polar de la claridad y la presencia impetuosa de los cuadros de los girasoles.

Los cuadros de los girasoles portan, a pesar de toda su optimista claridad, signos de extinción; en cambio, los de los cipreses muestran elementos de luto en un ambiente vital y excitado. Los haces de líneas ascendentes de los cipreses vinculan con el cielo la maraña que se aferra al suelo. Así, con ambos temas se dice en definitiva lo mismo, pero cambiando el acento. Van Gogh declaró en cierta ocasión que su restablecimiento completo, es decir, su liberación, llegaría cuando se entregara a la muerte: la vida verdadera se hallaba en otra parte. Si los *Girasoles* son imágenes de la muerte en presencia de la luz, en la que se deposita toda esperanza, los *Cipreses* se pueden entender como imágenes de una esperanza impulsiva en el más allá en presencia de las fatigas terrenales soportadas con resignación. En este sentido hay que entender, probablemente, a Van Gogh cuando escribe que los cipreses se contraponen a los girasoles pero son, no obstante, equivalentes (625).

El hecho de que Van Gogh atribuyera una importancia fundamental a estos cuadros de cipreses se deduce de otra carta en la que dice que deberían «ser el núcleo de los trabajos que he realizado en diversos lugares de Provenza, y luego podría poner fin a mi estancia aquí» (615). Para él constituían, por tanto, un resumen, no sólo, como es de suponer, en cuanto al tema y la comprensión simbólica de la naturaleza, sino también en lo formal y en lo relativo al lenguaje iconográfico, en el manejo de los colores y su aplicación y en el desarrollo de formas abiertas a partir del gesto impulsivo.

Y esto es lo que se podría decir, en resumidas cuentas, de la fase de Saint-Rémy: que en aquel lugar donde, en el reducidísimo espacio del asilo y en medio de una sociedad dominada por la apatía, hubo de llevar una vida marcada por la uniformidad, alcanzó una singular libertad de expresión y sacó un gran partido a la independencia de los medios pictóricos, sobre todo a su vigorosa pincelada; en una palabra: que reinventó la pintura de una manera desconcertante.

Al comienzo de aquel año de 1890, el último de su vida, Van Gogh pudo constatar las primeras reacciones a su obra. La revista *Mercure de France* publicó sobre él un artículo cuyo autor, Albert Aurier, destacaba elogiosamente la singularidad de sus planteamientos artísticos. Van Gogh reaccionó con escepticismo y modestia: otros artistas, escribió a Aurier, habían hecho una mayor aportación al nuevo arte. Pero, sobre todo, Van Gogh participó por primera vez –junto con Redon, Signac, Renoir, Sisley, Cézanne y Toulouse-Lautrec– en una exposición, y además con seis obras, en la asociación vanguardista de Bruselas «Les XX». Estos contactos se establecían siempre a través de Theo van Gogh, quien, por lo visto, hizo todos los esfuerzos posibles para colocar las obras de su hermano en exposiciones o en manos de coleccionistas. En Bruselas se vendió un cuadro del periodo de Arlés, *La viña roja,* adquirido por la pintora Anna Boch. Sería el único en toda la vida de Van Gogh.

En aquel momento, el *Salon des Indépendants* de París era la única sala de exposición abierta a los innovadores radicales, además de «Les XX» de Bruselas. Las galerías privadas parisinas, de orientación comercial, se interesaban, como es natural, por las obras de la anterior generación de impresionistas, en el mejor de los casos. Cézanne, que año tras año era rechazado por el jurado de los salones oficiales, pudo exponer tres cuadros en los Indépendants en marzo de 1890, y Van Gogh nada menos que diez. En este caso, Van Gogh parece haber tenido un éxito considerable sobre todo entre algunos artistas; Monet y Gauguin fueron dos de ellos.

Van Gogh no quería terminar en el asilo de Saint-Rémy, en medio de los locos, encerrado a veces y vigilado permanentemente, sobre todo en vista de las primeras reacciones favorables a su obra. Camille Pissarro llamó la atención de Theo sobre un tal Dr. Paul-Ferdinand Gachet, de Auvers-sur-Oise, muy interesado en el arte y que podría cuidar de su hermano y conseguirle un alojamiento en aquella localidad. En la esperanza de mejorar su salud y con la perspectiva de poder vivir y trabajar allí en libertad, Van Gogh partió de Saint-Rémy en dirección a Auvers en mayo de 1890, tras haber residido un año en el asilo.

Auvers-sur-Oise, 1890

Un retrato de la melancolía

Vincent van Gogh llegó a Auvers-sur-Oise el 20 de mayo de 1890, tras una estancia de tres días en París, donde le impresionó profundamente un cuadro de Puvis de Chavannes expuesto en el Salon du Champ de Mars. Al cabo de poco más de dos meses había muerto por las secuelas de un intento de suicidio.

Aunque en aquella pequeña ciudad, a unos cuarenta kilómetros al noroeste de París, se había instalado en la década de 1860 Charles-François Daubigny, pintor de la escuela de Barbizon admirado por Van Gogh, y Cézanne había pintado en ella entre 1873 y 1874, no era un pueblo de artistas, como Pont-Aven, en Bretaña. Pero lo que atrajo a Van Gogh no fue tanto un especial ambiente artístico como la posibilidad de poder vivir y trabajar en libertad bajo la supervisión del Dr. Gachet.

Gachet había conocido a Gustave Courbet, había sido amigo de Charles Méryon, uno de los grabadores más importantes del siglo XIX, se relacionaba con algunos impresionistas y coleccionaba obras suyas. Cézanne había trabajado en su prensa de imprimir. Era, pues, un hombre entendido en arte y amable con los artistas. Poco después de su llegada, Van Gogh anotó, no sin cierta ironía:

> Me ha causado la impresión de ser bastante excéntrico, pero, en definitiva, su experiencia como médico debe de darle equilibrio para combatir la dolencia nerviosa que parece afectarle tan seriamente, al menos, como a mí (635).

Poco después, refiriéndose probablemente al cuadro *La parábola de los ciegos,* de Pieter Brueghel, comentaba: «Si un ciego guía a otro ciego, ¿no caerán ambos en la fosa?» (648).

En junio, Van Gogh retrató al Dr. Gachet en el famoso cuadro que muestra al médico en la pose de la melancolía –conocida en la historia del arte desde Durero–, apesadumbrado y con la cabeza apoyada en la mano, pose que tiene aquí además un significado personal, pues Gachet se había doctorado con una tesis sobre la melancolía. Por su condición de remedio (para las dolencias del corazón), el tallo de dedaleras del primer plano es una referencia a la actividad médica del retratado, y los libros amarillos que aparecen ante él –títulos de los hermanos Edmond y Jules de Goncourt– representan para Van Gogh, como en el cuadro de *La silla de Gauguin,* de Arlés, la modernidad del pensamiento.

En el *Retrato del Dr. Gachet* se expresa nuevamente, más allá de la imagen personal, un fenómeno contemporáneo. La melancolía está acompañada por la esperanza bajo la figura del remedio medicinal, y los libros aluden a la actualidad de ese sentimiento de la época. Esto, por lo que respecta a la faceta iconográfica. Desde un punto de vista formal es significativo que, para incrementar esa «expresión dolorida de nuestro tiempo», Van Gogh utilizara deliberadamente los medios pictóricos que domina ahora de manera magistral, los colores fuertes y las deformaciones; según sus palabras, no buscó «el parecido fotográfico», sino la

> expresión apasionada, empleando nuestro conocimiento moderno del color y nuestro sentimiento moderno del mismo como medio expresivo para poner de relieve el carácter (W 22).

El supuesto ciclo de Auvers

En los poco más de dos meses de estancia en Auvers, el pintor realizó en rapidísima sucesión unos ochenta cuadros, sobre todo paisajes y retratos. Entre ellos llaman la atención doce, en un formato desacostumbrado, apaisados en cuadrado doble (50 cm de altura × 100 cm de anchura). Las cartas escritas por Van Gogh desde Auvers no contienen ninguna explicación acerca de los motivos para ese formato ni referencias a una serie –vinculada, por ejemplo, en cuanto a su concepción a la *décoration* de Arlé– o a un ciclo, pero el formato especial sugiere por sí solo una idea común de fondo, sobre todo porque, según hemos visto, Van Gogh pensaba continuamente en categorías de cuadros relacionados y correspondencias pictóricas.

Van Gogh terminó el primer formato apaisado, *Campos de trigo* (conservado hoy en Austria, en la galería Belvedere de Viena), algo antes del 24 de junio de 1890; ese mismo día finalizó *Maleza con dos figuras* (Museo de arte de Cincinnati), un cuadro sobre el que el pintor escribió expresamente que se trataba de un «correlato» (644) de los *Campos de trigo*. En aquel mismo momento concluyó el *Paisaje con el castillo de Auvers a la puesta del sol,* conservado hoy en el Museo Van Gogh de Amsterdam. Les siguieron, entre el 6 y el 10 de julio, *Trigal bajo un cielo nublado* y *Cuervos sobre el trigal,* ambos en el mismo museo; y el 10 de julio acabó de pintar también *El jardín de Daubigny* (Museo de Arte de Basilea).

En julio realizó, además, *Casas con cubierta de paja ante una colina* (lámina IX), así como *Gavillas de trigo* (Museo de Arte de Dallas). A este conjunto pertenecen también obras para cuya datación exacta no disponemos de ningún indicio, pero que fueron pintadas igualmente en Auvers en junio y julio, a saber, el *Campo con almiares* (colección privada), *Paisaje con lluvia* (Museo Nacional de Gales, Cardiff), y *Raíces y troncos de árboles* (lámina X). Se trata pues, en todos los casos, de paisajes en los que se ven, de vez en cuando, partes de la localidad de Auvers.

Tres días después de que Van Gogh calificara de «correlativos» *Campos de trigo* y *Maleza con dos figuras,* se lo pensó mejor. Mientras trabajaba con un formato rectangular de igual medida, pero esta vez en vertical, que representaba a la hija de Gachet al piano, explicó a Theo sirviéndose de un esbozo:

> He caído en la cuenta de que este cuadro queda muy bien junto a otro apaisado, el del trigal *[Campo de trigo],* pues uno es vertical y rosa, y el otro, en cambio, verde pálido y verde amarillo, colores complementarios del rosa. –Y proseguía–: Pero de momento no hemos llegado, ni mucho menos, a que la gente comprenda las sorprendentes relaciones existentes entre dos fragmentos de la naturaleza que se explican el uno al otro y se ponen mejor de relieve mutuamente (645).

Van Gogh experimentó, pues, combinaciones entre diversos paisajes y entre paisajes y figuras humanas, guiado en ambos casos por puntos de vista formales, en concreto por los contrastes complementarios. Al hacerlo así pensaba también en las «sorprendentes relaciones» temáticas y en que un cuadro puede explicar mejor a otro y ponerlo más de relieve mediante la combinación entre ambos. Tenemos aquí, al parecer, el inicio de una nueva serie o de un ciclo.

Ya en La Haya había comentado que *Sorrow* (figura 2) y un estudio de árboles podían representar en conjunto la «lucha por la vida» (195), con el arraigo y el desarraigo. En Arlés, el *Café nocturno* (lámina IV) como imagen del infierno en la tierra, y la *Habitación en Arlés,* con su idea de calma, le habían parecido una unidad antitética, lo mismo que el sembrador en cuanto personificación del devenir y el segador como la muerte; o *La Berceuse* y los *Girasoles* como contraposición de dos posibilidades del nuevo arte (figura 6).

Recordamos también que, en Arlés, Van Gogh había llegado a la conclusión de que el mundo desgarrado sólo podía abordarse pictóricamente mediante la reproducción de sus partes; la única posibilidad de representar el todo consistía en mostrarlo en múltiples fragmentos. Las correspondencias artísticas son series o ciclos: esto vale tanto para *Los almiares* de Claude Monet como para *El friso de la vida* de Edvard Munch.

Refiriéndose al *Trigal bajo un cielo nublado,* que muestra la infinitud del cielo y el paisaje en un fragmento carente casi de composición, Van Gogh escribía que «no había rehuido el intento de expresar tristeza y una soledad extrema», pero añadía que le interesaba mostrar también «lo que veo de sano y vital en la vida rural» (649).

Su antítesis es el cuadro *Raíces y troncos de árboles* (lámina X): toda la superficie está trastocada por una maraña de plantas de aspecto confuso; no hay línea de horizonte, perspectiva ni profundidad, ningún punto óptico donde detenerse y ningún elemento de composición para acceder al cuadro: sólo desorientación e inestabilidad. Lo objetivo ha perdido aquí importancia hasta el punto de que los troncos de los árboles pueden representarse de color azul; el cuadrángulo del lienzo, un fragmento de apariencia casual recortado de un continuo, funciona de manera inmediata como superficie de actuación para las demandas de expresión subjetivas.

Así pues, si el *Trigal bajo un cielo nublado* habla de la soledad de la existencia humana y de la esperanza depositada en la naturaleza, las *Raíces y troncos de árboles* testimonian el desarraigo total de la persona. En conformidad con ello, el cuadro del *campo* es amplio y abierto, y el del *bosque,* hermético y cerrado.

En su viaje a Auvers, Van Gogh se detuvo en París, como ya hemos mencionado. El cuadro de Puvis de Chavannes recién concluido –un formato largo y apaisado– que le había impresionado allí más que cualquier otra obra llevaba el título programático de *Inter artes et naturam*. Unas figuras idealizadas se desplazan individualmente y en grupos por un paisaje ideal; Van Gogh comenta: «No sabemos si se trata de un atuendo moderno o de ropajes de la Antigüedad». Creemos

> presenciar un renacimiento generalizado y feliz de todas las cosas añoradas por uno y en las que ha creído, una fusión rara y dichosa entre una prehistoria remota y el hoy sin maquillajes (W 22).

A finales de mayo y comienzos de junio de 1890, antes de comenzar sus cuadros apaisados a imitación de Puvis, Van Gogh completaba sus comentarios en una carta al crítico holandés de arte Joseph Jakob Isaacson:

> Creo [...] en la posibilidad de que la generación venidera se ocupe en adelante y para siempre de las interesantes investigaciones sobre el color y el sentimiento moderno en el sentido de las indagaciones de Delacroix y Puvis de Chavannes.

El cuadro de este último parece

aludir a un encuentro extraño y venturoso» –Van Gogh modifica seguidamente la formulación anterior– entre un mundo antiguo *totalmente* remoto y la modernidad *sin maquillaje* (614a).

Van Gogh vio ahora en el enfrentamiento entre tradición y «modernidad sin maquillaje» una oportunidad para el renacimiento del arte. No obstante, introduciendo una salvedad, añadió de inmediato: «Desde la lejanía tuve la posibilidad de ver una nueva pintura, pero eso fue algo excesivo para mí» (614a). La existencia entre arte y naturaleza, escribía, se podía expresar mostrando, en el sentido de Puvis, seres humanos en medio de la naturaleza vestidos con un atuendo marcadamente contemporáneo, para expresar con ello la unidad antagónica entre naturaleza y civilización, duración y modernidad.

Los cuadros de formato apaisado de Van Gogh no demuestran nada distinto cuando presentan a la vista del observador la actualidad de Auvers en la naturaleza caracterizada por la estación del año: en un cuadro, las casas de la gente sencilla, medio en ruinas y cubiertas con techado de paja; y en otro, el castillo de la época feudal; aquí la villa burguesa, y allí la casa del artista (Daubigny); primero los paseantes con trajes de verano a la moda, y luego los labriegos contemporáneos; tras la naturaleza agreste, la naturaleza cultivada: múltiples aspectos entre el arte y la naturaleza, la tradición y la modernidad.

Los formatos apaisados parecen abordar siempre vinculaciones contradictorias. En el famoso cuadro *Cuervos sobre el trigal* se extiende, bajo un cielo entenebrecido con dos soles oscuros y los cuervos negros, la vastedad de un campo agitado a la luz del amarillo luminoso de los cuadros de los girasoles, el amarillo encendido de la capacidad de resistencia. Tres caminos que confluyen en el margen del primer plano del cuadro transmiten una sensación de amenaza al espectador y lo colocan, al parecer, ante la decisión de elegir entre la desesperación y la confianza, pero sin ofrecer ninguna salida. Los aspectos antitéticos emparejados de oscuridad y claridad, confinamiento y lejanía, falta de perspectivas y esperanza, se ponen aquí en un mismo plano.

El arte como antídoto

Van Gogh no necesitaba la figura humana para representar estados de ánimo. Lo que le importaba era expresar el interior con un tema de la naturaleza. Para él, el drama de la vida debía explicarse mediante la interpretación subjetiva de la naturaleza en la escritura espontánea del pincel: el cuadro como correlato espontáneo del sentimiento que permite comprender los dilemas personales como situaciones comunes a través del carácter generalizador de la naturaleza.

A Van Gogh le resultaba extraño mantener un hilo narrativo o una sistematicidad en la presentación de lo simbólico o, incluso, un pensamiento cíclico según los momentos del día o las estaciones del año, en el sentido del Romanticismo, por ejemplo. Los estados diversos y actuales del alma se capturan en los estados duraderos de la naturaleza. Van Gogh intenta expresar, según decía él mismo, «la desesperante rapidez con que pasa todo en la vida moderna» (W 23). Había que vincular el rápido cambio del sentimiento contemporáneo de la vida a la duración de la naturaleza. Detrás de ello aparece nuevamente el dualismo entre vida y muerte, representado con una calidad existencial eruptiva.

El formato apaisado, con su carácter de friso y panel, ofrecía la posibilidad de enfrentarse a la disociación de la vida mediante un proyecto global que, de no haber sufrido un fin abrupto que interrumpió la serie con la muerte del artista, habría poseído en su totalidad algo cautivador e, incluso, imponente.

El conjunto de cuadros en formato apaisado pintados en Auvers debe contemplarse desde otro punto de vista. En ellos aparecen todos los medios pictóricos desarrollados previamente en Arlés y Saint-Rémy para una plasmación mediante una taquigrafía del color en la gama completa que va desde el tono amarillo intenso de Arlés hasta los tonos mezclados de Saint-Rémy. La escritura de los cuadros anteriores se puede comprobar en todas estas obras, una tras otra. Van Gogh recapitula así su práctica pictórica y, mediante esas referencias, demuestra una vez más de manera insistente en los temas de la naturaleza la evolución de unos procedimientos autónomos.

Así, el ciclo de Auvers, si es que se trata de un ciclo, constituye un resumen de la obra completa en la forma inacabada que ha llegado hasta nosotros: el proceso de la autonomización de los medios pictóricos pasa ante nuestros ojos a cámara rápida, ejemplifica las posibilidades de expresión elocuente de la pintura en color, presenta el cuadro como campo de actividad del psiquismo, amplía el gran tema de la antinomia entre melancolía y esperanza, desesperación e impetuosidad, en el sentimiento moderno de la vida, y acomete el intento de impulsar la renovación del arte mediante un proyecto global cerrado.

Este proyecto global tiene poco en común con la idea de obra de arte total tal como intentó realizarla, por ejemplo, Richard Wagner por aquellas mismas fechas en el teatro musical. Y, sin embargo, es significativo que Van Gogh hablara en varias ocasiones de Wagner como modelo suyo: «Sería magnífico que hubiese alguien como él entre los pintores; pero esto *llegará*» (494). Los inconvenientes de la vida llevarán algún día a que todo el mundo sufra de neurosis, y Van Gogh añadía a esta observación la siguiente pregunta: «¿No hay, pues, ningún antídoto?» (574). El antídoto sería el arte, capaz de compensar las contrariedades de la vida: por un lado, formulándolas, y por otro, conjurándolas. Van Gogh citaba como ejemplos a Delacroix, Berlioz... y Wagner.

Con un poco de buena voluntad, escribía, «nuestros antídotos y consuelos» –y con este «nuestros» se incluía a sí mismo en aquella gran serie–, originados en la «locura del artista», podrían contemplarse como remedios contra el desgarramiento y la enajenación de la vida, precisamente mediante un arte de características wagnerianas. La experiencia de la ruptura, la vivencia de la locura, parece ser la condición previa de la obra planteada como totalidad. En ella se aborda la extinción individual y la descomposición junto con el mundo, aludiendo al mismo tiempo a la autorrenovación de la naturaleza como ejemplo de la renovación del arte.

En la formulación artística radical que aspira a una totalidad en la que se suprimen las contradicciones, la serie de cuadros de junio y julio del año 1890 parece un resultado elevado a su máxima potencia. El ciclo de Auvers fue, en el terreno artístico, la última palabra de Van Gogh: un intento de superar simbólicamente las contradicciones de la vida con medios pictóricos sugerentes tomando como tema la naturaleza perdurable.

Pocos días antes del 27 de julio de 1890, fecha del disparo mortal en Auvers, Vincent van Gogh dijo a Theo en una carta inacabada que había puesto en juego su vida en aras del arte, y que la mitad de su razón se había echado a perder en esa jugada. Ya el año anterior había manifestado que el suicidio era una protesta legítima y una legítima defensa contra la sociedad.

Vincent van Gogh, que murió dos días después del disparo cuando tenía treinta y siete años, fue enterrado en presencia de unos cuantos amigos en Auvers-sur-Oise. Al cabo de medio año se daba también sepultura en aquel lugar a su hermano menor, Theo.

El reconocimiento gradual, 1900-1914

Durante la década posterior a su muerte, el arte de Van Gogh siguió sin ser apenas apreciado. Dos homenajes tributados al pintor –uno en París por Signac, en 1891, en el *Salon des Indépendants,* y otro en Bruselas por el grupo «Les XX»– no cambiaron para nada la situación, al igual que el intento del marchante Ambroise Vollard de dar a conocer al artista en París en 1895 con dos exposiciones. El reconocimiento de la importancia de su obra llegó más tarde: en la primera década del nuevo siglo; una generación de artistas jóvenes contribuyó considerablemente al mismo.

Cuando en 1901 se montó una exposición individual de Van Gogh con nada menos que setenta y un objetos en la galería parisina Bernheim-Jeune, el marchante de arte berlinés Paul Cassirer no fue el único en entusiasmarse –a partir de entonces, Cassirer organizaría exposiciones casi cada año con obras del legado administrado por Johanna, la viuda de Theo van Gogh–. Pintores como André Derain, Maurice Vlaminck y Henri Matisse se sintieron también fascinados con aquella exposición por la extraordinaria libertad, completamente desconocida todavía, en el manejo de los medios artísticos.

Una exposición especialmente importante fue la organizada con cincuenta y cuatro obras de Van Gogh mostradas por Cassirer en 1905, primero en su filial de Hamburgo y luego en la galería Ernst Arnold de Dresde, para acabar en su central de Berlín, y finalmente en la galería Miethke de Viena. En Dresde, varios jóvenes estudiantes de arquitectura mostraron en aquella ocasión un «apasionamiento desbordante», según escribe en sus memorias el también arquitecto y urbanista Fritz Schumacher, que era su profesor en la Escuela Superior Técnica; se trataba de Ernst Ludwig Kirchner, Erich Heckel, Karl Schmidt-Rottluff y Fritz Bleyl, que se entusiasmaron por el color puro y fuertemente expresivo y por la pincelada espontánea y que medio año después fundarían un grupo artístico: Die Brücke [El puente].

Aquel mismo año de 1905, Derain y Vlaminck –los *fauves*– volvieron a experimentar una honda conmoción ante cuarenta y cinco obras de Van Gogh presentadas en la muestra parisina de los *Indépendants*. Y cuando, en 1908, una exposición con otras noventa procedente de la Bernheim-Jeune hizo un alto en la galería de arte Brakl & Tannhauser de Múnich, algunos artistas como Franz Marc y Alexej Jawlensky se sintieron sumamente entusiasmados; Jawlensky escribió que Van Gogh era su maestro y modelo (Feilchenfeldt, 1988, 67).

La situación se puede generalizar: en la segunda mitad de la primera década del siglo XX encontramos durante un tiempo las influencias estilísticas de las pinceladas enérgicas y los colores luminosos en la obra de toda una generación de artistas. En Viena, Oskar Kokoschka se sintió estimulado a actuar con una audacia singular en la aplicación experimental de medios pictóricos, en especial en una larga serie de retratos. Paul Signac había anunciado ya en 1894 que «los jóvenes» sentían «una total admiración» por Van Gogh *(Van Gogh und die Moderne,* 1990, 190), y Pablo Picasso dio testimonio en nombre de una generación: «Todos hemos comenzado con Van Gogh, por más grandes que podamos ser» (Gilot/Carlton, 1965).

Entre los primeros compradores de cuadros de Van Gogh en la Alemania anterior a la Primera Guerra Mundial, donde la obra del pintor cayó sobre suelo especialmente fértil, se encuentran los siguientes: Karl Ernst Osthaus, futuro fundador del Museo Folkwang de Hagen (más tarde de Essen); el director de museo Hugo von Tschudi, despedido de Berlín por su política progresista de compras y que trabajó luego en Múnich; el escritor Carl Sternheim, también en Múnich; y en Berlín, la actriz Tilla Durieux y Julius Meier-Graefe, que, en su condición de escritor de libros de arte, se comprometió con la persona de Van Gogh como ningún otro; pero también artistas como el austriaco Carl Moll, los alemanes Max Liebermann y Curt Herrmann, y el belga Henry van de Velde.

Otras ciudades alemanas compraron sus primeros cuadros de Van Gogh tras las adquisiciones realizadas por el de Hagen. Cuando la Kunsthalle de Bremen se hizo en 1911 con el *Campo de amapolas,* pintado en Saint-Rémy, se produjo un escándalo nacional. El pintor Carl Vinnen, del grupo de Worpswede, organizó una «protesta de artistas alemanes» en la que se formularon advertencias contra los efectos corruptores del arte extranjero, sobre todo el francés, en los artistas alemanes. Había que poner freno a la modernidad en nombre de una ideología nacionalista. La mayoría de quienes protestaron nos son desconocidos hoy en día, mientras que sí conocemos a quienes tomaron postura en contra de aquella propuesta, como Wassily Kandinsky, Franz Marc, Max Beckmann, Max Liebermann, Lovis Corinth y muchos otros.

La exposición del Sonderbund de 1912 en la ciudad de Colonia fue de importancia decisiva para el reconocimiento duradero de Van Gogh como uno de los precursores de la modernidad. En ella se establecieron normativamente para mucho tiempo los valores del arte de finales del siglo XIX y comienzos del XX. En el centro de aquella primera visión general del nuevo arte ordenada históricamente se situaban Van Gogh, Gauguin, Cézanne y Munch. A cada uno se le dedicó una retrospectiva. En tres grandes salas de la parte central del edificio de exposiciones se presentaron ciento siete cuadros y algunos dibujos de Van Gogh. Su obra fijó a partir de ese momento los criterios de la modernidad.

Van Gogh se había impuesto en el mundo del arte, aunque todavía no en la opinión pública en general, y se había dado a conocer su incomparable categoría. La sucesora norteamericana de la exposición del Sonderbund, el Armory Show de 1913, organizado en Nueva York, Chicago y Boston, presentó por primera vez a Van Gogh en Estados Unidos con dieciocho cuadros.

Van Gogh había vendido en vida un solo cuadro; hoy, sus obras alcanzan precios récord en subastas internacionales. La admiración que se le otorga se debe no sólo a su extraordinaria importancia artística sino también –así son las leyes del mercado– a la oferta extremadamente escasa: la mayoría de las obras del pintor se hallan en gran parte en posesión de distintos museos, y del legado conservado en el Museo Van Gogh de Amsterdam no hay ninguna a la venta. Pero lo que ha debido de contribuir a que Van Gogh se haya convertido en una especie de personaje de culto y aún lo siga siendo es, sobre todo, la lamentable fortuna de aquel artista que luchó en solitario.

Datos biográficos

1853. El 30 de marzo nace en Zundert, cerca de Breda, Vincent Willem van Gogh; es el primogénito de Theodorus, párroco protestante, y de Anna Cornelia van Gogh.
1857. Nacimiento de su hermano Theo.
1861-1868. Asiste a la escuela en Zundert, Zevenbergen y Tilburg. 1862: nacimiento de su hermana Willemien.
1869-1876. Aprendizaje en la filial de la galería Goupil & Cía. de La Haya; de 1873 a 1875 trabaja en su filial de Londres; a continuación en París, hasta 1876, en la casa Boussod & Valadon, sucesores de Goupil. En 1872 inicia su correspondencia con su hermano Theo, que mantendrá durante toda su vida.
1876-1880. Maestro auxiliar en Ramsgate (Inglaterra), y después predicador auxiliar en Isleworth, cerca de Londres, y librero en Dordrecht. En Amsterdam se prepara en 1877 para estudiar la carrera de teología. Interrumpe los estudios y, tras haber asistido a una escuela de misioneros de Bruselas, marcha como evangelista a la comarca belga del Borinage en 1878.
1881. Se traslada a Etten, donde residen sus padres en ese momento; rompe con ellos y se muda a La Haya. Theo le presta ininterrumpidamente apoyo económico.

1882. Trabajos por encargo (dibujos) para su tío Cornelis Marinus. Convivencia con Christine Clasina Maria Hoornik, conocida como Sien.

1883. Se retira a Drenthe, en el norte de Holanda; rompe con Sien. Regresa con su familia, que vive ahora en Nuenen, cerca de Eindhoven.

1885. Muere su padre. Vincent van Gogh se instala a finales de año en Amberes.

Los comedores de patatas (lámina I).

1886-1887. Estudia en la Academia de Arte de Amberes. En marzo se traslada a París; asiste a un curso en el taller Cormon, donde conoce a Émile Bernard, Louis Anquetin y Henri de Toulouse-Lautrec. Encuentros con Camille Pissarro y Paul Gauguin. Marcha a pintar con Paul Signac y Bernard a Asnières, a orillas del Sena, cerca de París. Vincent van Gogh organiza una exposición en el Café du Tambourin con grabados japoneses, y otra más en el restaurante Du Chalet con obras propias y de Anquetin, Bernard y Toulouse-Lautrec.

Café La Guinguette (figura 4); *Retrato del Père Tanguy; Autorretrato junto al caballete.*

1888-1889. En febrero de 1888 marcha a Arlés; en septiembre se instala allí en la Casa Amarilla, en la plaza Lamartine. Preparativos para la visita de Gauguin, que se queda con él desde el 23 de octubre hasta, probablemente, el 25 de diciembre. Incidente y corte del lóbulo de la oreja. Tras un segundo acceso, Van Gogh es internado en Arlés. En marzo recibe la visita de Signac.

La Roubine du Roi con lavanderas (lámina II); *El pintor, camino de Tarascón* (lámina III); *Jardín de flores* (lámina VII); *Café nocturno* (lámina IV); dibujo con pluma de caña *Calle de Saintes-Maries-de-la-Mer* (figura 5); *Autorretrato con la oreja vendada* (ilustración de la cubierta).

1889. En mayo, Van Gogh ingresa voluntariamente en el sanatorio psiquiátrico de Saint-Rémy. En el verano sufre un ataque de larga duración.

Cipreses (figura 8); *Campo verde de trigo a la salida del sol* (lámina VI); *La noche estrellada.*

1890. Obras de Van Gogh en el salón «Les XX» de Bruselas; vende un cuadro. Participa en el *Salon des Indépendants* de Pa-

rís. Albert Aurier publica un artículo sobre Van Gogh en el *Mercure de France*. En mayo pasa por París camino de Auvers-sur-Oise, donde vive en el Café Ravoux y recibe los cuidados del Dr. Paul-Ferdinand Gachet.
Retrato del doctor Gachet; Ciclo de Auvers (láminas IX, X).
El 27 de julio intenta suicidarse; Vincent van Gogh muere el 29 de julio. Su hermano Theo fallece seis meses después. Los hermanos están enterrados en Auvers-sur-Oise.

Cronología

1880. Quinta exposición colectiva de los impresionistas en París (10, Rue des Pyramides), con obras de Gustave Caillebotte, Edgar Degas, Paul Gauguin, Berthe Morisot, Camille Pissarro y otros. Exposiciones individuales de Édouard Manet y Claude Monet en París *(La Vie Moderne)*. Paul Cézanne es rechazado del «Salón», como todos los años. Émile Zola publica la novela *Nana*. Nacen Franz Marc y Ernst Ludwig Kirchner.

1881. Sexta exposición colectiva de los impresionistas (35, Bvd. des Capucines), con Degas, Gauguin, Morisot, Pissarro y otros. Georges Seurat estudia teorías sobre el color. Cézanne trabaja con Pissarro en Pontoise. Primera exposición de Odilon Redon *(La Vie Moderne)*. Auguste Renoir, *El desayuno de los remeros*. Nacen Pablo Picasso, Fernand Léger y Wilhelm Lehmbruck.

1882. Séptima exposición colectiva de los impresionistas (251, Rue St-Honoré), con Caillebotte, Gauguin, Monet, Morisot, Pissarro, Renoir, Alfred Sisley y otros. Cézanne con Renoir en L'Estaque. Henri de Toulouse-Lautrec estudia en el taller de Fernand Cormon. Restrospectiva de Gustave Courbet en la École des Beaux-Arts de París. Manet, *El bar del Folies-Bergère;* Degas, *Las planchadoras*.

1883. Exposición de xilografías japonesas en la galería de Georges Petit de París. Muerte de Manet. Exposiciones individuales de Pissarro, Renoir, Monet y Sisley en la galería de Durand Ruel, en París. James Ensor, *Las máscaras enojadas*.

1884. Exposición en memoria de Manet en la École des Beaux-Arts. Primer *Salon des Indépendants,* enfrentado al Salón oficial, con Redon, Seurat y Paul Signac, de 21 años, entre otros. Gauguin se traslada con su familia a Copenhague. Seurat, *Los bañistas*. Nace Max Beckmann.

1885. Seurat termina *La Grande Jatte*. Zola publica *Germinal*. Pissarro experimenta la influencia de las teorías de Signac y Seurat. Henri Rousseau el «Aduanero» deja su puesto de trabajo para dedicarse a la pintura. Nace Oskar Kokoschka.

1886. Octava y última exposición colectiva de los impresionistas (1, Rue Laffitte), con Degas, Gauguin, Morisot, Pissarro, Redon, Seurat, Signac y otros. Segundo *Salon des Indépendants.* Durand-Ruel muestra 50 trabajos en Bruselas («Les XX»). Gauguin y Vincent van Gogh se encuentran en París en casa del comerciante de pinturas Père Tanguy y en la galería Boussod & Valadon de Theo van Gogh. Gauguin, en Bretaña *(Muchachas bretonas).* Jean Moréas, *Manifiesto del simbolismo;* Zola, *La obra;* Cézanne rompe con Zola.

1887. Gauguin marcha a Panamá y la Martinica con Charles Laval. Émile Bernard trabaja con Van Gogh en Asnières, a orillas del Sena, cerca de París. Monet pinta en Bretaña. Van Gogh, Seurat y Signac exponen en el *foyer* del Théâtre Libre de París. Redon, representado por primera vez en los *Indépendants.* Cézanne, *Mont Sainte-Victoire;* Toulouse-Lautrec, *El Moulin de la Galette* y *Retrato de Vincent van Gogh*.

1888. Toulouse-Lautrec expone en el Grupo «Les XX» de Bruselas. Gauguin y Monet suscriben contratos con Theo van Gogh. Bernard en casa de Gauguin en Pont-Aven. Seurat, *Las modelos;* Gauguin, *Jacob lucha con el ángel;* Ensor, *La muerte y las máscararas*.

1889. Exposición Universal de París; finalización de la torre Eiffel. Con motivo de la Exposición Universal, el pintor Émile Schuffenecker organiza en el café Volpini de París una exposición de la pintura más reciente con Gauguin como centro de la misma. Éxito de una exposición de Monet y Auguste Rodin en la galería Petit de París. Gauguin, *Cristo amarillo*. Wassily Kandinsky va a París por primera vez.

1890.   Exposición de arte japonés en la École des Beaux-Arts de París. Monet inicia sus series de retratos. Cézanne puede exponer tres cuadros en «Les XX», en Bruselas, donde se presenta también una exposición de Redon. Gauguin se une en París a los simbolistas. Seurat comienza su cuadro *El circo;* Toulouse-Lautrec realiza esbozos en el Moulin Rouge; Cézanne trabaja en la serie *Jugadores de cartas*. Bernard publica artículos sobre Cézanne y Van Gogh.
Nacen Egon Schiele y El (Lasar) Lissitzky.

Bibliografía

Catálogos de obras y cartas

FAILLE, J. B. de la, *The Works of Vincent van Gogh. His Paintings and Drawings,* Amsterdam 1970.
VAN GOGH, Vincent, *Sämtliche Briefe,* ed. Fritz Erpel, 6 vols., Bornheim-Merten 1985.
HEUGTEN, Sjaar van, *Vincent van Gogh, Zeichnungen. Die frühen Jahre 1880-1883,* vol. I, Amsterdam 1997.
Id, Vincent van Gogh, Zeichnungen. Nuenen 1883-1885, vol. II, Amsterdam 1997.
HULSKER, Jan, *The New Complete Van Gogh. Paintings, Drawings, Sketches,* Amsterdam/Filadelfia 1996.
VELLEKOOP, Marije, y Sjaar van HEUGTEN, *Vincent van Gogh, Drawings, Antwerp and Paris 1885-1888,* vol. III, Amsterdam/Blaricum 2001.

Bibliografía general

ARTAUD, Antonin, *Van Gogh, der Selbstmörder durch die Gesellschaft* (1947), Múnich 1977.
BIAŁOSTOCKI, Jan, «Van Goghs Symbolik» (1962), en: *Id, Stil und Ikonographie,* Dresde 1966.

GRAETZ, H. R., *The Symbolic Language of Vincent van Gogh,* Nueva York 1963.
GUERIN, Daniel, *Gauguin. Oviri. Écrits d'un sauvage,* París 1974.
HAMMACHER, Abraham Marie, y Renilde HAMMACHER, *Van Gogh. Die Biographie in Fotos, Bildern und Briefen,* Stuttgart 1982.
REWALD, John, *Von van Gogh bis Gauguin. Die Geschichte des Nachimpressionismus* (1957), Colonia 1967.
SCHAPIRO, Meyer, *Vincent van Gogh* (1950), Colonia 1964.
WELSH-Ovcharov, Bogomila, *Vincent van Gogh. His Paris Period 1886-1888,* Utrecht/La Haya 1976.

Exposiciones (por orden cronológico)

POLLOCK, Griselda, *Vincent van Gogh in zijn Hollandse jaren,* Catálogo de exposición, Rijksmuseum Vincent van Gogh, Amsterdam 1980.
PICKVANCE, Ronald, *Van Gogh in Arles,* Catálogo de exposición, The Metropolitan Museum of Art, Nueva York 1984 (contiene una datación más exacta de las cartas escritas por Van Gogh en Arlés).
PICKVANCE, Ronald, *Van Gogh in Saint-Rémy and Auvers,* Catálogo de exposición, The Metropolitan Museum of Art, Nueva York 1986.
FEILCHENFELDT, Walter, *Vincent van Gogh & Paul Cassirer, Berlin. The Reception of van Gogh in Germany from 1901 to 1914,* Catálogo de exposición, Rijksmuseum Vincent van Gogh, Amsterdam 1988.
Van Gogh à Paris, Catálogo de exposición, Musée d'Orsay, París 1988.
DORN, Roland, *Décoration. Vincent van Goghs Werkreihe für das Gelbe Haus in Arles,* Hildesheim/Zúrich/Nueva York 1990.
Vincent van Gogh, Paintings, Drawings, 2 vols., Catálogo de exposición, Rijksmuseum Vincent van Gogh, Amsterdam 1990.
Vincent van Gogh und die Moderne 1890-1914, Catálogo de exposición, Museum Folkwang Essen y Rijksmuseum Vincent van Gogh, Amsterdam 1990.
Van Gogh und die Haager Schule, eds. Roland Dorn, Klaus Albrecht Schröder y John Sillevis, Catálogo de exposición, Austria Kunstforum, Viena 1996.
Van Gogh and Gauguin. The Studio of the South, Catálogo de exposición, The Art Institute of Chicago y Van Gogh Museum, Amsterdam 2001/2002.
Van Gogh: Felder. Das «Mohnfeld» und der Künstlerstreit, eds. Wulf Herzogenrath y Dorothee Hansen, Catálogo de exposición, Kunsthalle Bremen 2002.

Citas

Los números de las citas de Van Gogh mencionados en el texto se refieren a la edición de sus cartas preparada por Fritz Erpel. Las adiciones B, R, W aluden a los destinatarios: Émile Bernard (B), Anthon van Rappard (R) y Willemien (W), la hermana de Vincent van Gogh.

Bürger, Peter, «Die Geburt der literarischen Moderne aus dem Geist der Moral», en: *Merkur* 11, 1985.
Ensor – ein Maler aus dem späten 19. Jahrhundert, Catálogo de exposición, Stuttgart 1972, p. 37.
Gilot, Françoise, y Carlton Lake, *Leben mit Picasso,* Fráncfort del Meno, 1967, p. 68.
O'Doherty, Brian, *Inside the White Cube. The Ideology of the Gallery Space (1976),* Santa Mónica 1986.
Stang, Ragna, *Edvard Munch – der Mensch und der Künstler,* Königstein i.T., 1979, p. 79.
Vor der Zeit, Carl Fredrik Hill, Ernst Josephson. Zwei Künstler des späten 19. Jahrhunderts, Catálogo de exposición, Hamburgo 1984, p. 13.

Créditos de las fotografías

Lámina I: Amsterdam, Van Gogh Museum.
Lámina III: Hamburgo, Hamburger Kunsthalle (© Elke Walford).
Lámina IV: Zurcher, Bernhard, *Vincent van Gogh,* Múnich 1985.
Láminas V-VIII, X, XI: Walther, Ingo F., y Rainer Metzger, *Van Gogh, Sämtliche Gemälde,* 2 vols., Colonia 1989.
Lámina IX: Vincent van Gogh, *Paintings,* Catálogo de exposición, Amsterdam 1990.

De las publicaciones siguientes se tomaron las ilustraciones que se indican:

Figuras 1 y 3. Uitert, Evert van, *Vincent van Gogh, Zeichnungen,* Colonia 1977.
Figuras 2 y 4. Vincent van Gogh, *Drawings,* Catálogo de exposición, Amsterdam 1990 2.
Figura 5. Pickvance, Ronald, *Van Gogh in Arles,* Nueva York 1984.
Figura 6. Arnold, Matthias, *Vincent van Gogh, Werk und Wirkung,* Múnich 1995.
Figura 8. Erpel, Fritz (ed.), *Vincent van Gogh, Lebensbilder, Lebenszeichen,* Múnich 1989.

Las demás fotografías proceden del archivo de la editorial Beck.

Índice analítico

Aix-en-Provence, 105
Amberes, 40, 46, 53, 146
Amsterdam, 11, 31, 37, 145
  Museo Van Gogh, 21, 30, 50, 95, 108, 131, 144
  Rijksmuseum, 37
Anquetin, Louis, 46, 48, 144
Aurier, Albert, 126, 147
Arlés, 27, 48, 53, 55, 57-101, 103-105, 111, 114, 116, 118-119, 127, 129, 130, 132, 133, 137, 146
  Atelier du Midi, 73, 118
  canal Arlés-Bouc, 61
Armory Show, exposición, 144
Arnold, Ernst, 141
  galería Ernst Arnold (Dresde), 141
Artaud, Antonin, 108
Asnières, 47, 49, 146, 149
Aurier, Albert, 126, 147
Autorretrato (Poussin), 42
Autorretrato (Van Gogh), lámina XI, 76
Autorretrato con la oreja vendada (Van Gogh), 97, 99, 144
Auvers-sur-Oise, 127-139, 147

Balzac, Honoré de, 20
Barbizon, escuela de, 23, 85, 128
Basilea, Museo de Arte, 131
Beckmann, Max, 119, 143, 149
Bélgica, 10, 12, 17, 145
Benjamin, Walter, 42

Berceuse (Van Gogh), 90, 94-97, 132
Berlín, 10, 106, 141-142
Berlioz, Hector, 138
Berna, 105
Bernard, Émile, 46, 48-49, 61-62, 71, 73-75, 82-83, 85, 91, 99, 111, 113, 146, 149-150
Bernheim-Jeune, galería (París), 140-141
Białostocki, Jan, 62
Bjørnson, Bjørnstjerne, 105
Blanc, Charles, 52
Bleyl, Fritz, 141
Boch, Anna, 127
Boch, Eugène-Guillaume, 83
Borinage, 12-15, 145
Bosboom, Johannes, 22
Boston, 144
Bouguereau, Adolphe William, 43
Boulanger, Gustave Rodolphe, 43
Boussod & Valadon, galería (París), 41, 145, 149
Brabante, 35
Brakl & Tannhauser, galería (Múnich), 141
Breda, 10, 22, 145
Bréhat, isla, 105
Bremen, 143
Bretaña, 60, 128, 149
Brueghel, Pieter 129
Bruselas, 10-12, 16, 19, 126-127, 140, 145-146, 149-50
Bürger, Peter, 31

Café nocturno (Van Gogh)*,* lámina IV, 62, 80, 86-87, 89, 132, 146
Caillebotte, Gustave, 148
Camino con sauces (Van Gogh), 20-21
Campo con almiares (Van Gogh), 131
Campo de amapolas (Van Gogh), 143
Campo verde de trigo a la salida del Sol (Van Gogh), lámina VI, 111, 113, 115, 146
Campos de trigo (Van Gogh), 131
Cardiff, Museo Nacional de Gales, 131
Carlyle, Thomas, 34
Carré, sala de exposiciones (París), 41
Casas con cubierta de paja ante una colina (Van Gogh), lámina IX, 131
Cassirer, Paul, 140-141
Cézanne, Paul, 17, 38, 44, 47, 58, 63, 105, 126, 128-129, 143, 148-150
Chéret, Jules, 43
Chicago, 144
Cincinnati, Museo de Arte, 131
Cipreses (Van Gogh), 122-125, 146
Clasicismo, 85, 90
Codde, Pieter, 37
Colonia, exposición del Sonderbund, 143
Corinth, Lovis 143
Cormon, Fernand, 40, 46, 146, 148
Corot, Camille, 14, 45, 54
Courbet, Gustave, 20, 119, 129, 148
Cuervos sobre el trigal (Van Gogh), 131, 135
Cuesmes, 12

Dallas, Museo de Arte, 131
Daubigny, Charles-François, 45, 54, 128, 135

Daudet, Alphonse, 58
Daumier, Honoré, 20
Degas, Edgar, 45-46, 74, 85, 148-149
Delacroix, Eugène, 14, 52, 58, 85, 119, 134, 138
Derain, André, 141
Desayuno en la hierba (Manet), 44
«Die Brücke» ('El puente'), 141
Dordrecht, 11, 145
Doré, Gustave, 20
Dorn, Roland, 81
Drenthe, 33-34, 146
Dresde, 141
Durand-Ruel, Paul, 149
Durero, Alberto, 14, 24, 48
Durieux, Tilla, 142

Eiffel, torre, 42
Eindhoven, 34, 146
El barrio judío de La Haya: Paddemoes (Van Gogh), 23
El friso de la Vida (Munch), 84, 133
El grito (Munch), 107
El jardín de Daubigny (Van Gogh), 131
El meón (Endsor), 107
El pintor, camino de Tarascón (Van Gogh)*,* lámina III, 64-65, 70, 72, 146
El puente de Asnières (Van Gogh), 51
Ensor, James, 17, 105-107, 149
Erasmo (Holbein), 42
Escuela de La Haya, 22, 34, 45
Estados Unidos, 144
Etten, 22, 145
Exposición Mundial (1889, París), 42
Eyck, van, Jan, 42

Fábrica en La Haya (Van Gogh), 23
fauvistas *(fauves),* 67, 141

Índice analítico

Flaubert, Gustave, 14
Francia, 17, 57-58
Friso de Beethoven (Klimt), 84

Gachet, Paul-Ferdinand, 128-129, 132, 147
  Retrato del Dr. Gachet, 129-130, 147
Gasómetro (Van Gogh), 23
Gauguin, Paul, 17, 38, 45-48, 55, 57-60, 72-76, 78, 80, 83-92, 94-96, 99, 107, 119, 127, 143, 146, 148-150
Gavarni, Paul, 20
Gavillas de trigo (Van Gogh), 131
Gérôme, Jean-Léon, 43
Ginoux, señora, 89
Girasoles (Van Gogh), 97, 99, 133
Goncourt, Edmond de, 129
Goncourt, Jules de, 129
Goupil & Cie., galería, 10, 14, 41, 145
Goyen, Jan van, 14
Graphic, revista, 19
Guerin, Daniel, 38
Guillaumin, Armand, 48

Hagen, Museo Folkwang, 142-143
Hals, Frans 37
Hamburgo, 141
Heckel, Erich 141
Herrmann, Curt 142
Hodler, Ferdinand, 84, 105, 107
Holbein, Hans, «el Joven», 42
Hoornik, Christine Clasina Maria, 29, 34, 146
Hugo, Victor, 15

impresionistas, 27, 39, 44-52, 54, 63, 65, 79, 83, 127, 148-149
Inglaterra, 10, 19, 145
Ingres, Jean-Auguste-Dominique, 85

Inter artes et naturam (Puvis de Chavannes), 134
Isaacson, Joseph Jakob, 134
Isleworth, 10, 145
Israëls, Josef, 22

Jacob lucha con el ángel (Gauguin), 87, 149
Japón, 48, 56-58, 68-69, 91, 97-98, 146, 149-150
Jardín de flores (Van Gogh), lámina VII, 69-70, 146
Jawlensky, Alexej, 141
Jersey, isla, 60
Josephson, Ernst, 105-107

Kandinsky, Wassily, 143
Kent, 10
Kirchner, Ernst Ludwig, 141, 148
Klimt, Gustav, 84
Kokoschka, Oskar, 142, 149
Kunsthalle (Bremen), 143

La bella jardinera (Rafael), 42
La Casa Amarilla (Van Gogh), lámina V, 75-76, 78, 80-82, 84-85, 87, 92, 101, 146
La Grande Jatte (Seurat), 45, 149
La Haya, 10-11, 22-23, 25, 27-28, 30, 33, 68, 73, 77, 101, 132, 145
  Escuela de La Haya, 22, 34, 45
La noche estrellada (Van Gogh), 118-119, 146
La parábola de los ciegos, (Brueghel), 129
La Roubine du Roi con lavanderas (Van Gogh), lámina II, 61, 89, 146
La Virgen de la Roca (Leonardo), 42
La Virgen y el Niño con Santa Ana (Leonardo), 42
Langlois, puente, 61

Las arlesianas (Mistral) (Gauguin), 90
Laval, Charles, 47, 90, 149
Léger, Fernand, 148
Lehmbruck, Wilhelm, 148
Lenbach, Franz von, 27
Leonardo da Vinci, 42
Les Artistes de mon temps (Charles Blanc), 52
Les Misérables (Gauguin), 75
Les Sablons, 60
Les Saintes-Maries-de-la-Mer, 68-69
«Les XX», grupo, 106, 126-127, 140, 146, 149-150
Liebermann, Max, 34, 142-143
Lissitzky, El (Lasar), 150
Londres, 10, 145
Los almiares (Monet), 84, 133
Los comedores de patatas (Van Gogh), lámina I, 35, 38, 39, 146,
Louvre, museo, 41-42, 44

Madame Bovary (Flaubert), 14
Makart, Hans, 27
Maleza con dos figuras (Van Gogh), 131
Manet, Édouard, 20, 39, 42, 44, 56, 48-49
Marc, Franz, 141, 143, 148
Maris, Jacob, 22
Marsella, 60
Martinica, 47, 58, 60, 91, 149
Matisse, Henri, 67, 119, 141
Mauve, Anton, 22
Meier-Graefe, Julius, 142
Meissonier, Ernest, 43
Mercure de France, revista, 126, 147
Méryon, Charles, 129
Miethke, galería, 141
Millet, Jean-François,14, 23, 27, 39, 45, 54
Miseria humana (Vendimia), Van Gogh, 89

Moll, Carl, 142
Mona Lisa (Leonardo), 42
Monet, Claude, 44-46, 49, 60, 74, 84, 127, 133, 148-150
Mons, 12
Monticelli, Adolphe, 58, 60
Montpellier, museo, 119
Moréas, Jean, 149
Moret, 60
Morisot, Berthe, 44, 60, 148-149
Munch, Edvard, 17, 84, 105-108, 133, 143
Múnich, 27, 142
  Brakl & Tannhauser, galería, 141

Napoleón III, 44
Naturaleza muerta con tablero de dibujo (Van Gogh), 93-94
Normandia, 60
Noruega, 17, 105
Nuenen, 34, 42, 50, 146
Nueva York, 10, 144

Opositores, grupo, 106
Oslo, 105
Ostende, 105
Osthaus, Karl Ernst, 142

Paisaje con el castillo de Auvers a la puesta del Sol (Van Gogh), 131
Paisaje con lluvia (Van Gogh), 131
Panamá, 47, 60, 149
París, 10, 40-59, 62, 72, 74, 82-83, 102, 105, 127-128, 134, 140, 145-150
  Bernheim-Jeune, galería, 140-141
  Exposición Mundial (1889), 42
  Louvre, 41-42, 44
  Montmartre, 42, 46-47
  Moulin Rouge, 42, 46, 150
  «Salón» de la École des Beaux-Arts, 43, 148-150

Índice analítico

Salon des Refusés, 44
Salon des Indépendents, 44, 127, 140-141, 146, 149
Salon du Champ de Mars (París), 128
torre Eiffel, 42
Petit, Georges, 45, 149-150
Picasso, Pablo, 123, 142, 148
Pinos ante un cielo de atardecer (Van Gogh), lámina VIII, 119
Pissarro, Camille, 44-45, 47-48, 52, 55, 74, 127, 146, 148-149
Pollock, Griselda, 34
Pont-Aven, 60, 72, 87, 102, 128, 149
Pontoisse, 148
Poussin, Nicolas, 42
Primera Guerra Mundial, 142
Provenza, 57, 60, 101, 126
Puvis de Chavannes, Pierre, 128, 134-136

Rafael, 42, 85
Raíces y troncos de árboles (Van Gogh), lámina X, 131, 133-134
Ramsgate, 10, 145
Rappard, Anthon van, 20, 36, 153
Redon, Odilon, 45, 126, 148-150
Rembrandt 10, 20, 31
Renoir, Auguste 33, 54, 107, 121, 123, 143, 146
Rewald, John, 58
Rodin, Auguste, 150
Romanticismo, 85, 136
Roulin, familia, 89
Roulin, Joseph, 83
Rousseau, Henri, 45, 149
Rubens, Peter Paul, 42
Ruisdael, Jacob van, 27

Saint-Rémy-de-Provence, 102-127, 137
«Salón» de la École des Beaux-Arts (París), 43, 148-150

Salon des Independants (París), 44, 127, 140-141, 146, 149
Salon des Refusés (París), 44
Salon du Champ de Mars (París), 128
Schapiro, Meyer, 113
Schiele, Egon, 150
Schmidt-Rottluff, Karl, 141
Schuffenecker, Émile, 91, 149
Schumacher, Fritz, 141
Seurat, Georges 31, 33-36, 38, 54, 121, 123
Signac, Paul, 44-47, 49, 52, 77, 92, 101, 126, 140, 142, 146, 149
Silla (Van Gogh), 89, 91
Silla (Gauguin), 91-92, 129
Sisley, Alfred, 44-45, 60, 74, 126, 148-149
Sorrow (Van Gogh), 24-26, 132
Spies, Werner, 64
Sternheim, Carl, 142

Tanguy, Julien «Père», 47, 146, 149
Thannhauser, galería, *vease* Brakl & Tannhauser, galería
Tiziano, 42
Toulouse-Lautrec, Henri, 43, 46, 126, 146, 148-150
Trigal bajo un cielo nublado (Van Gogh), 131, 133
Trigal con segador (Van Gogh), 115, 117
Tschudi, Hugo von, 142

Valadon, galería, *vease* Boussod & Valadon, galería
Van de Velde, Henry van de, 142
Van Gogh, Anna Cornelia, madre, 11, 47, 145
Van Gogh, Cornelis Marinus, tío, 23, 146
Van Gogh, Johanna, cuñada, esposa de Theo, 100, 104, 141

Van Gogh, Theo, hermano, 10, 22, 24, 27, 29, 32-33, 40-41, 46-47, 59, 61, 70, 72-73, 75, 81, 93-94, 97, 100, 102, 109, 118, 121, 126-127, 132, 139, 145, 147
Van Gogh, Theodorus, padre, 12, 15, 22, 41, 101, 145-146
Van Gogh, Willemien, hermana, 63, 70, 112, 117-118, 145
Van Gogh und die Moderne (Signac), 142
Velázquez, Diego, 42
Ventana del taller de Van Gogh en el asilo (Van Gogh), 109-110
Veronese, Paolo 42
Viena, 27, 142
   Belvedere, galería, 131
   Miethke, galería, 141
Vinnen, Carl, 143
Viña roja (Van Gogh), 89, 127
Virgen del canciller Rolin (Van Eyck), 42
Vlaminck, Maurice, 141
Vollard, Ambroise, 140

Wagner, Richard, 138
Wasmes, 12
Worpswede, grupo, 143

Zola, Émile, 20, 58, 148-149
Zundert, 10, 145